高等职业教育"十二五"规划教材

Qiche Xingneng yu Jiance Jishu

汽车性能与检测技术

朱福根　主编

向丽康［浙江大学］　主审

人民交通出版社

内 容 提 要

本书从日常汽车使用性能出发,介绍汽车动力性、燃油经济性、制动性、操纵稳定性的含义及检测方法,以及汽车车速表检测、汽车前照灯检测、汽车排放污染物检测及噪声检测,并结合真实车辆检测站的布置,讲解车辆安全环保检测和综合性能检测的作业流程。

本书分九个学习情景,具体包括以下内容:汽车综合性能检测的认识、汽车动力性能检测、汽车燃油经济性检测、汽车的制动性能、汽车的操纵稳定性检测、汽车车速表检测、汽车前照灯检测、汽车公害检测、汽车外观检测。

本书可作为各类高职高专院校汽车运用技术、汽车检测与维修、汽车电子技术、汽车服务技术与营销专业教材,也可作为汽车维修、检测从业人员的培训和参考用书。

图书在版编目(CIP)数据

汽车性能与检测技术 / 朱福根主编. — 北京 : 人民交通出版社,2013.8

高等职业教育"十二五"规划教材

ISBN 978-7-114-10806-8

Ⅰ. ①汽… Ⅱ. ①朱… Ⅲ. ①汽车—性能检测—高等职业教育—教材 Ⅳ. ①U472.9

中国版本图书馆 CIP 数据核字(2013)第 167750 号

高等职业教育"十二五"规划教材

书　　名:**汽车性能与检测技术**

著 作 者:朱福根

责任编辑:任雪莲　周　凯

出版发行:人民交通出版社股份有限公司

地　　址:(100011)北京市朝阳区安定门外外馆斜街 3 号

网　　址:http://www.ccpress.com.cn

销售电话:(010) 59757973

总 经 销:人民交通出版社股份有限公司发行部

经　　销:各地新华书店

印　　刷:北京市密东印刷有限公司

开　　本:787×1092　1/16

印　　张:9.5

字　　数:224 千

版　　次:2013 年 8 月　第 1 版

印　　次:2019 年 1 月　第 3 次印刷

书　　号:ISBN 978-7-114-10806-8

定　　价:28.00 元

(有印刷、装订质量问题的图书由本社负责调换)

汽车运用技术专业建设委员会

前　言 | Preface

　　汽车从问世至今已有100多年的历史,在不经意间,汽车已经进入千家万户,成为人们生活必不可少的代步工具。然而,在人们享受汽车带来的便利的同时,也对汽车使用方面不断地提出更高的要求,而随着汽车使用时间和行驶里程的增加,其各项技术状况将不断恶化,使安全性和使用方便性下降,对环境的污染程度加剧。因此,一方面人们需要性能更加优良的现代汽车,另一方面也需要借助各种维护和修理手段,恢复或保持其技术状况。

　　2012年,我国汽车产销突破1900万辆,创历史新高,并再次刷新全球纪录,连续四年蝉联世界产销量第一。我国汽车产销量已连续三年超过1800万辆,随着汽车保有量的迅速增长,社会对于汽车专业高端技能型人才的需求也迅速增加。

　　本套教材的编写,坚持"任务驱动、情景教学",以体现新型的职业教育理念;特别注重知识的应用价值、可操作性在教材中的科学体现,做到理论与实践的紧密结合。

　　本教材面向技能型高级汽车维修、检测技术人员,分九个学习情景介绍汽车综合性能检测的认识、汽车动力性能检测、汽车燃油经济性及检测、汽车的制动性能与检测、汽车的操纵稳定性与检测、汽车车速表检测、汽车前照灯检测、汽车公害分析及检测、汽车外观检测等内容。通过本教材的学习,使读者一方面能领会汽车的主要性能及评价方法,另一方面也能对汽车性能进行实际检测。

　　本书编写过程力求通俗易懂,结合我国目前的现实情况,特别是根据相关规范的更新,实践知识紧密结合生产实际,介绍了新设备、新技术、新方法、新标准。

　　本书由浙江交通职业技术学院主持编写,朱福根担任主编并编写学习情景一、四;学习情景二、三、五、六由吕风军编写;学习情景七、九由孙伟编写;学习情景八由陈杰编写。

　　本书由浙江大学向丽康高级工程师担任主审。

　　由于编者的水平有限,书中难免存在缺点和错误,诚望读者和有关专家给予指正。

编　者

2013 年 4 月

目 录 Contents

学习情景一　汽车综合性能检测的认识

车辆都必须在检测线上进行检测,要弄清什么是车辆检测,必须先明白检测线流程。

任务一　汽车综合性能检测流程描述

一、汽车性能检测站

早先,汽车性能的检测只是在单台检测设备上对车辆的单项性能进行检测,随着汽车运输业的发展和对车辆良好运行状况要求的不断提高,充分发挥检测设备的作用、加强在用汽车的技术管理的作用,已成为社会发展的必然需求。在各种检测设备研制成功的基础上,交通部❶于 1980 年开始有计划地在全国公路运输和车辆管理系统(交通部当时负责汽车监理),筹建汽车性能检测站,将检测设备按一定的检测顺序组成流水式的检测工艺路线(也称检测线),检测内容以汽车安全性检测为主。20 世纪 80 年代初,交通部在大连市建立了国内第一个汽车检测站。1990 年交通部发布第 13 号令《汽车运输业车辆技术管理规定》、1991 年交通部发布第 29 号部令《汽车运输业车辆综合性能检测站管理办法》以后,全国又掀起了建设汽车综合性能检测站的高潮。目前,全国各省、市一级城市已基本拥有至少一个检测站。

1.汽车性能检测站的任务

根据中华人民共和国交通部令第 29 号《汽车运输业车辆综合性能检测站管理办法》的规定,汽车性能检测站的主要任务如下:

(1)对在用运输车辆的技术状况进行检测诊断。

(2)对汽车维修行业的维修车辆进行质量检测。

(3)接受委托,对车辆改装、改造、报废及其有关新工艺、新技术、新产品、科研成果等项目进行检测,提供检测结果。

(4)接受公安、环保、商检、计量和保险等部门的委托,为其进行有关项目的检测,提供检测结果。

上述前两项检测任务是由运输车辆管理部门和维修管理部门根据检测制度组织并委托的车辆检测。

2.汽车检测站的类型

(1)按服务功能分类

根据服务功能的差异,检测站可分为安全检测站、维修检测站和综合检测站三种。

安全检测站是按照国家规定的车检法规,定期检测车辆中与安全和环保有关的项目,以

---

❶ 2008 年后更名为交通运输部。全书同。

—— 1 ——

保证汽车安全行驶,并将污染降低到允许的限度。这种检测站对检测结果往往只显示"合格""不合格"两种,而不做具体数据显示和故障分析,因而检测速度快、生产效率高。检测合格的车辆,凭检测结果报告单办理年审签证,在有效期内准予车辆行驶。这种检测站一般由公安车辆管理机关直接建立和管理,或由公安车辆管理机关认可的汽车运输企业、汽车维修企业建立,也可多方联合建立并管理。

人们通常所说的机动车年审就是由安全性能检测站完成的,机动车年审的时间周期规定如下:小型、微型非营运载客汽车 6 年以内每 2 年检测 1 次;超过 6 年的,每年检测 1 次;超过 15 年的,每年检测 2 次;对于营运车辆,还必须进行综合性能检测。此时的检测分为定级评定检测和二级维护检测。

维修检测站主要是从车辆使用和维修的角度,担负车辆维修前、维修后的技术状况检测。

它只对车辆的主要使用性能进行检测,并能进行故障分析与诊断,一般由汽车运输企业或汽车维修企业建立并管理。

综合检测站既能担负车辆管理方面的安全环保检测,又能担负车辆维修方面的技术状况检测,还能承接科研或教学方面的性能试验和参数测试。这种检测站设备多且配套,自动化程度高,数据处理迅速准确,因而功能齐全,检测项目广且有深度,可为合理制定诊断标准、诊断周期,以及为科研、教学、设计、制造和维修等部门提供可靠依据,并能担负检测设备的精度测试。

(2)按规模分类

根据规模大小,检测站可分成大、中、小三种类型。其中,大型检测站检测线多、自主程度高,年检能力大,且能检测多种车型。大型综合检测站可成为一定地区范围内的检测中心。

中型检测站至少有两条检测线,目前国内建成或正在筹建的检测站多为这种类型。

小型检测站主要指那些服务对象单一的检测站。如规模不大的安全检测站和维修检测站属于这种类型,它不能担负更多的检测任务。这种检测站设有一条或两条作用相同的检测线。

(3)按自动化程度分类

根据检测线的自动化程度分类,检测站可分成手动式、半自动式和全自动式三种类型。

手动检测站的各检测设备,由人工手动控制检测过程,从各单机配备的指示装置上读数,笔录检测结果或由单机配备的打印机打印检测结果,因而需要人员多,检测效率低,读数误差大,多适用维修检测站。

全自动检测站利用计算机将检测线上各检测设备连接起来,除车辆上部和下部的外观检查工位仍需人工检查外,其他工位上的检测过程全部自动控制,设备的启动与运转、数据采集、分析判断、存储、显示和集中打印报表等全过程实现自动化。检测长可坐在主控制室内通过闭路电视观察各工位的检测情况,并通过检测程序向各工位受检车辆的驾驶员和检测员发出各种操作指令,每一项检测结果均能在主控制室内的显示器和各工位上的检验程序指示器上同时显示。

相对于手动检测站,由于全自动检测站自动化程度高、检测效率高,能避免人为判断错误,因而获得了广泛应用。目前,国内外的安全检测站多为这种形式。

半自动检测站的自动化程度或范围介于手动和全自动检测站之间,一般是在原手动检测站的基础上使部分检测设备(如侧滑试验台、制动试验台、车速表试验台等)通过计算机联网,以实现自动控制,而另一部分检测设备(如烟度计、废气分析仪、声级计等)仍然手动操作。

(4)按站内检测线数分类

按站内检测线数分类,检测站可分成单线检测站、双线检测站、三线检测站等多种类型。总之,站内有几条检测线,就可以称为几线检测站。

二、汽车性能检测站工位布置

工位就是检测线上一段可以容纳一辆受检车进行一个或者多个项目测试的物理区域。

检测站主要由一条或数条检测线组成。当然,为保证检测站的有效运行,除检测线外,还经常配备有停车场、清洗站、维修车间、办公区和生活区等。对于不同的汽车安全检测站和综合性能检测站,其具体工位布置可以有所区别,但就其功能而言,大致都由以下几种工位组成。

1. 安全环保检测线

安全环保检测线可以由三工位、四工位或五工位组成,三工位主要见于手动和半自动的安全环保检测线,而全自动安全环保检测线一般都由汽车资料输入及安全检查工位、侧滑制动车速表工位、灯光废气工位、车底检查工位、综合判断及主控制室工位组成。下面就以此为例,介绍工位设备和检测项目。

图 1-1 为国产五工位全自动安全环保检测线。

图 1-1 国产五工位全自动安全环保检测线

1-进线指示灯;2-烟度计;3-汽车资料登录电脑;4-安全装置检查不合格项目输入键盘;5-烟度计检验程序指示器;6-电视摄像机;7-制动试验台;8-侧滑试验台;9-车速表试验台;10-废气分析仪;11-前照灯检测仪;12-车底检查工位;13-主控制室;14-车速表检测申报开关;15-检验程序指示器

(1)汽车资料输入及安全装置检查工位

本工位除将汽车资料输入主控制电脑外,还进行汽车上部的灯光和安全等装置的外观检查(Lamps and Safety Device Inspection),简称为 L 工位。

①主要设备。

a. 进线指示灯。

b. 汽车资料登录电脑(包括键盘及显示屏)。

c. 工位测控电脑。

d. 检验程序指示器及其控制器。

e. 轮胎自动充气机。

f. 轮胎花纹测量器。

g. 检测手锤。

h. 不合格项目输入键盘。

i. 电视摄像机。

j. 光电开关。

②检查项目:由检查人员人工检查汽车的灯光、安全装置、防护装置、操纵装置、工作仪表和车身等是否装备齐全、工作正常、连接可靠和符合规定。检查的重点是灯光和安全装置。具体检查项目如表 1-1 所列。

汽车外观检查项目　　　　　　　　　　　　　　表 1-1

序 号	检查项目	序 号	检查项目
1	远光灯	16	离合器、变速器
2	近光灯	17	制动踏板自由行程
3	制动灯	18	转向器自由转动量
4	倒车灯	19	驻车制动
5	牌照灯	20	油箱、加油口盖
6	示宽灯、辅助灯、标志灯	21	挡泥板
7	室内灯	22	防护网及连接装置
8	车厢、座位	23	电气导线
9	车门、车窗	24	起动机
10	车身	25	发电机、蓄电池
11	后视镜、下视镜、侧视镜	26	灭火器
12	风窗玻璃	27	仪表、仪表灯
13	刮水器	28	机油压力报警器
14	喇叭	29	半轴螺栓
15	轮胎、轮胎螺栓	30	座椅安全带

(2)侧滑制动车速表工位

本工位由侧滑检测(Alignment Inspection)、轴重检测(Weight Inspection)、制动检测(Brake Test)和车速表检测(Speedometer Test)组成,简称 ABS 工位。

①主要设备。

a. 工位测控电脑。

b. 侧滑试验台。

c. 轴重计或轮重仪(如果制动试验台本身带有轴重测量装置,则不必另外装备轴重计或轮重仪)。

d. 制动试验台。

e. 车速表试验台及车速表检测申报开关。

f. 检验程序指示器。

g. 光电开关。

h. 反光镜。

②检测项目。

a. 检测前轮侧滑量。

b. 检测各轴轴重。

c. 检测各轮制动拖滞力和制动力,求轴制动力和、制动力差和轴制动力占轴荷的百分比。

d. 检测驻车制动力。

e. 检测车速表指示误差。

(3)灯光废气工位

本工位主要由前照灯检测(Head Light Test)、排气检测(Exhaust Gas Test)、烟度检测(Diesel Smoke Test)和喇叭噪声级检测(Noise Test)组成,简称 HX 工位。

①主要设备。

a. 工位测控电脑。

b. 前照灯检验仪。

c. 废气分析仪。

d. 烟度计。

e. 声级计。

f. 检验程序指示器。

g. 停车位置指示器。

h. 光电开关。

i. 反光镜。

②检测项目。

a. 检测前照灯发光强度和光束照射方向。

b. 检测汽油车急速排放污染物或柴油车自由加速烟度。

c. 检测喇叭噪声级。

(4)车底检查工位

车底检查(Pit Inspection)工位,简称为 P 工位。

①主要设备。

a. 工位测控电脑。

b. 检验程序指示器及其控制器。

c. 地沟内举升平台。

d. 检测手锤。

e. 不合格项目输入键盘。

f. 对讲话筒及扬声器。

g. 光电开关。

h. 车辆到位报警灯或报警器。

i. 地沟内电视摄像机。

②检测项目:本工位是进行车辆底部的外观检查,由检测人员在地沟内人工检查底盘各装置及发动机的连接是否牢固可靠,有无弯扭、断裂及漏油、漏水、漏气、漏电等现象,具体检测项目如表1-2所列。

车 底 检 测 项 目　　　　表1-2

序　号	检 查 项 目	序　号	检 查 项 目
1	发动机及其连接	16	油路、气路、电路
2	车架	17	储气筒
3	前梁	18	传动轴、万向节、伸缩节
4	转向器的转向轴及其万向节	19	中间支承
5	转向器支架	20	离合器及操纵机构
6	转向垂臂	21	变速器
7	转向器	22	主传动器
8	转向主销及其轴承	23	避振器
9	横直拉杆	24	钢板弹簧夹及U形螺栓
10	前悬架连接	25	排气管及消声器
11	前吊耳销子	26	制动系拉杆、驻车制动器
12	后悬架连接	27	后桥壳
13	后吊耳销子	28	缓冲器、保险杠、牵引钩
14	各部杆系	29	是否漏油、漏水、漏气、漏电
15	各种软管	30	油箱、蓄电池等的固定

(5)综合判定及主控制室工位

①主要设备。

a. 主控制电脑、键盘及显示器。

b. 打印机。

c. 监察电视(电视摄像机显示器)。

d. 控制台及主控制键盘。

e. 稳压电源。

f. 不间断电源。

②检测项目:汽车到达本工位时已全部检测完毕,主控制电脑将各工位检测结果综合判定后,由打印机集中打印检测结果报告单,交给汽车驾驶员。

2. 综合检测线

综合检测线有两种类型：全能综合检测线和一般综合检测线，前者包含安全环保检测线的主要检测设备，能对车辆技术状况进行全面检测，也能对车辆进行安全环保检测；而后者不包括安全环保检测线的主要检测设备，主要由底盘测功机组成。

下面以全能综合检测线为例介绍其主要设备和检测项目。

以全能综合检测线为例，综合检测线的工位设备与检测项目如下：

（1）外观检查及前轮定位工位

该工位包括车上、车底外观检查和前轮定位检测。

①主要设备。

a. 轮胎自动充气机。

b. 轮胎花纹测量器。

c. 检测手锤。

d. 地沟内举升平台和地沟上举升器。

e. 就车式车轮平衡机。

f. 声发射探伤仪。

g. 侧滑试验台。

h. 前轮定位试验台或前轮定位检验仪。

i. 转向盘自由行程检测仪。

j. 传动系游动角度检验仪和底盘松旷量检测仪。

②检测项目。

a. 车上、车底外观检查项目与全自动安全环保检测线相同。

b. 就车检测车轮不平衡量。

c. 对转向节枢轴等安全机件进行探伤检测。

d. 检测前轮侧滑量。

e. 检测前轮最大转向角、主销后倾角、主销内倾角，并视需要检测前轮前束值和前轮外倾值。

f. 检测转向盘自由行程。

g. 检测传动系游动角度。

h. 检测轮毂轴承、主销和纵横拉杆等处的底盘松旷量。

（2）制动工位

①主要设备。

a. 轴重计或轮重仪（如果制动试验台本身带有轴重测量装置，则不必另外装备轴重计或轮重仪）。

b. 反力式制动试验台。

②检测项目。

a. 检测各轴轴重。

b. 检测各轮制动拖滞力和制动力，求轴制动力和、制动力差和轴制动力占轴荷的百分比。

（3）底盘测功工位

该工位能模拟汽车道路行驶，因而可组织较多的检测设备同时或交叉地对汽车发动机、

— 7 —

底盘和电气设备等进行综合动态检测。本工位配备的设备较多,能检测的项目也较多。

①主要设备。

a. 底盘测功试验台。

b. 发动机综合参数测试仪(汽、柴油机合一或分开)。

c. 电气综合测试仪。

d. 汽缸压力测试仪。

e. 汽缸漏气测试仪。

f. 真空表或真空测试仪。

g. 油耗计。

h. 废气分析仪。

i. 烟度计。

j. 声级计。

k. 机油清净性分析仪。

l. 发动机无负荷测功仪。

m. 发动机异响分析仪。

n. 传动系异响分析仪。

o. 前照灯检验仪。

p. 温度计或温度仪。

②检测项目。

a. 检测驱动车轮输出功率或驱动力,模拟车辆以各种速度行驶,进行加速性能、匀速性能和滑行性能等试验,检测百公里耗油量和经济车速等。

b. 对发动机的点火系、供油系、电气设备、动力性、汽缸密封性和各部位异响等进行检测、分析和诊断。

c. 检测汽油车怠速或其他工况排放的 CO 和 HC 浓度。

d. 检测柴油车自由加速烟度或全负荷烟度。

e. 检测前照灯的发光强度和光束照射方向。

f. 检测喇叭噪声和汽车内外噪声。

g. 检测、分析并诊断传动系异响。

h. 检测各总成温度和发动机排气温度。

当该工位上的有些项目检测时间过长时,也可在前面的工位上提前进行。如机油清净性分析,可以在第一工位上对机油取样,接着到分析仪上进行分析,以平衡与其他项目的检测进度。

在综合检测线上,允许对车辆做必要的调试。如调试时间过长,应出线在维修(或调试)车间内进行。当在综合检测线上进行安全环保检测时,应按安全环保检测线规定的项目进行。

三、汽车性能检测站工艺路线

受检车辆进入综合性能检测站,工作流程如图 1-2 所示。

检测车辆的目的是对车辆技术状况进行评价,如何评价车辆使用性能在下个任务中加以介绍。

```
┌─────────────────┐
│    汽车进站      │
└────────┬────────┘
         ↓
┌─────────────────┐
│   办理入站手续    │
└────────┬────────┘
         ↓
┌─────────────────┐    是    ┌─────────────────┐
│  是否需要清洗?   │ ──────→ │    清洗站清洗     │
└────────┬────────┘          └────────┬────────┘
        否│                            │
         ↓                            │
┌─────────────────┐                   │
│ 在检测站入口处待检 │                   │
│ 停车场按顺序停车等候│                   │
└────────┬────────┘                   │
         ↓←──────────────────────────┘
┌─────────────────┐
│   检测线检测      │
└────────┬────────┘
         ↓
┌─────────────────┐    否    ┌─────────────────┐
│ 检测项目是否全    │ ──────→ │  维修车间维修或调试 │
│   部合格?        │          └─────────────────┘
└────────┬────────┘
        是│
         ↓
┌─────────────────┐
│ 驶出检测线,在检竣  │
│   停车场停车      │
└────────┬────────┘
         ↓
┌─────────────────┐
│   办理出站手续    │
└────────┬────────┘
         ↓
┌─────────────────┐
│    汽车出站      │
└─────────────────┘
```

图 1-2　汽车性能检测线工艺流程

任务二　汽车性能的评价

　　汽车性能一般包括废气排放性、动力性、经济性、操纵稳定性、平顺性、舒适性、安全性及可靠性等。汽车的使用效果不但与车辆性能有关,还与使用条件有关。汽车使用条件是指影响汽车完成运输工作的各类外界条件。它主要包括气候条件、道路条件、运输条件和汽车安全运行技术条件等。与使用者密切相关的是汽车的使用性能,它是指汽车以最高效率工作的能力,它是决定汽车利用效率和方便性的结构特性表征。汽车的工作效率往往用汽车的运输生产率和运输成本予以评价。目前,我国采用的汽车使用性能指标见表 1-3。

一、汽车容载量

　　汽车容载量,是指汽车能够装载的货物数量或乘坐旅客的人数。它与汽车的装载质量、车厢尺寸、货物的比重、座位数和站立乘客的地板面积有关。载货汽车的容载量常用比装载质量和装载质量利用系数进行评价。

$$比装载质量 = \frac{汽车装载质量}{车厢容积}(t/m^3)$$

$$装载质量利用系数 = \frac{货物容积质量(t/m^3) \times 车厢容积(m^3)}{额定装载质量(t)}$$

比装载质量和装载质量利用系数表征了汽车结构对各种货物需要的适应能力。

二、汽车的质量利用

　　汽车的质量利用描述了汽车整备质量与装载质量的关系,常用整备质量利用系数来评价。

使用性能		量标和评价参数	使用性能		量标和评价参数
容量		额定装载质量(t) 单位装载质量(t/m³) 货厢单位有效容积(m³/t) 货厢单位面积(m²/t) 座位数和可站立人数(个、人)	速度性能		动力性 平均技术速度(km/h)
使用方便性	操纵方便性	每百公里平均操纵作业次数操作力(N) 驾驶员座位可调程度 照明、灯光、视野、信号完好	越野性、机动性		汽车最小离地间隙 接近角 离去角 纵向通过半径 前、后轴荷分配 轮胎花纹及尺寸 轮胎对地单位压力 前、后轮辙重合度 低速挡的动力性 驱动轴数 最小转弯半径
	出车迅速性	汽车冷起动暖车时间			
	乘客上下车和货物装卸方便性	车门和踏板尺寸及位置 货厢地板高度 货厢栏板可倾翻数 有无随车装卸机具			
	可靠性和耐久性	大修间隔里程(km) 主要总成的更换里程(km) 可靠度、故障率(1/1000km) 平均故障停车时间(h)	安全性	稳定性	纵身倾翻条件 横向倾翻条件
				制动性	制动效能 制动效能恒定性 制动时的方向稳定性
	维修性	维护和修理工时 每千公里维修费用 对维修设备的要求			
	防公害性	主要有害排放物的排放量　电磁干扰	乘坐舒适性	平顺性	振动频率 振动加速度及变化率 振幅
燃料经济性		最低燃油消耗量(L/100km) 平均燃油消耗量(L/100km)		设备完备	车身类型 空气调节指标 车内噪声指标(dB) 座椅结构

$$整备质量利用系数 = \frac{汽车装载质量}{汽车整备质量}$$

整备质量利用系数与汽车的零部件、总成、结构的合理程度以及轻型材料的使用比例有关,它表明汽车主要材料的使用水平,反映了车型的设计和制造水平,同时也体现了汽车的使用经济性。

要提高现代货车的整备质量利用系数,不但应优化汽车结构和提高制造技术,还应注重应用强度高、质量轻的新型材料。

三、汽车使用方便性

汽车使用方便性是汽车的一项综合使用性能,用于表征汽车运行过程中,驾乘人员的舒适性和疲劳程度,以及对保证运行货物完好无损和装卸货物的适用性。它主要包含以下内容:

1.操纵轻便性

操纵轻便性决定了驾驶员的工作条件,对减轻驾驶员的疲劳,保证行车安全,具有重要作用。其主要评价指标为操纵力、操作次数、驾驶员座位参数与调整参数、驾驶员的视野参数等。

2. 乘员上下车方便性

乘员上下车方便性作为使用方便性之一，影响着城市公共汽车站点的停车时间，从而影响着汽车的线路运行时间。乘员上下车的方便性，主要取决于车门的布置(轿车)和踏板的结构参数，即踏板高度、深度、级数、能见度及车门的宽度。

3. 装卸货物方便性

装卸货物方便性是指车辆对装卸货物的适应性，它用车辆装卸所耗费的时间和劳动力来评价。表征装卸货物方便性的结构因素有：货厢和车身地板的装卸高度；从一面、两面、三面或上面装卸货物的可能性；厢式车车门的构造、布置和尺寸；有无随车装卸货物的装置及其效率等。

4. 乘座舒适性

汽车乘座舒适性很大程度上取决于座位的形状结构，其形状结构应符合人体工程学的要求，为乘客提供最大的方便性和舒适的乘座姿势。座椅的结构参数主要是座位的宽度和深度、靠背高度和倾角，以及座椅上乘员的上下自由空间。座椅应具有良好的柔和性。通常用座椅的振动特性(振幅、频率)和消振速度来评价座椅的柔和性。当座椅上乘员的自振频率与车身振动频率的比值为 $1.6 \sim 2.0$ 时，座椅的舒适性最好。

另外，乘坐舒适性也与行驶平顺性、车内的噪声、空气调节等相关。

5. 最大续航里程

汽车最大续航里程是指油箱一次性加满油后汽车能连续行驶的最大里程(千米)。它主要与车辆的燃油经济性及油箱容积有关。

6. 越野性和机动性

汽车的通过性，一般也称越野性，是指汽车能以足够高的平均速度通过各种道路、无路地带以及克服各种障碍的能力。它与汽车最小离地间隙、接近角、离去角、最小转弯半径等几何参数相关。

汽车在最小面积内转向和转弯的能力被称为汽车的机动性。它也表征了汽车能够通过狭窄弯曲地带或绕开不可越过障碍物的能力。其主要评价参数包括前外轮最小转弯半径 R_H，汽车转弯宽度 A，突伸距 a 和 b 等，如图1-3所示。

图1-3 汽车机动性评价参数

四、汽车速度性能

汽车速度性能主要取决于动力性，而汽车动力性是指汽车在行驶中能达到的最高车速、最大加速能力和最大爬坡能力，是汽车的基本使用性能。汽车动力性越高，运输生产率也就越高。

五、汽车使用经济性

汽车使用经济性，是为完成单位运输量所支付的最小费用的一种使用性能，它是评价汽车营运经济效果的综合性指标。在我国营运汽车的平均运输成本中，运行材料费(燃料、润滑油、轮胎等)大概占40%以上。

汽车的燃料经济性表示汽车以尽量少的燃料消耗量经济行驶的能力。它的评价指标主要有：等速百公里燃料消耗量；等速吨百公里燃料消耗量；循环行驶试验工况百公里燃料消耗量。燃料经济性的提高就意味着汽车运输成本的下降和经济效益的提高。

六、汽车安全性

汽车的操纵稳定性包含着互相联系的两个内容：一个是操纵性，另一个是稳定性。操纵性表示汽车能及时而准确地按照驾驶员的指令运行的能力；稳定性是指汽车抵抗外界干扰保持稳定行驶的能力。

汽车的制动性表示汽车能在短时间内迅速降低车速直至停车并保持方向稳定的能力。

制动效能是汽车制动性最基本的评价指标。另外，还有制动效能的恒定性、制动时汽车的方向稳定性等。

七、汽车检测技术相关理论

汽车检测是指为确定汽车技术状况或工作能力而进行的检查和测量。所有车辆随着使用时间的增长和行驶里程的增加，其技术状况会不断恶化，例如动力性下降、经济性和排放性变差、可靠性降低等。汽车技术状况变坏的主要原因是：零件间的运动摩擦，导致零件磨损，使运动间隙和接触条件发生变化，零件在交变载荷作用下产生疲劳变形，使运动规律发生变化；有害气体对零件的腐蚀，使形状尺寸发生变化；橡胶及塑料等元件的老化，使其本身的功能丧失；气候条件和道路环境的不断变化加剧了零件的损坏；没有按规范要求合理地使用，也会缩短零件的使用寿命。因此，汽车技术状况的变化是必然的。

在我国汽车发展史中，曾经采用的"事后维修"和定期强制维护，产生了一系列的问题。因为汽车维修只是在出现了故障后才进行作业，行驶中的车辆产生故障的概率较高，对人身安全和财产存在潜在威胁；而强制维护又往往造成盲目修理现象，会造成一定的浪费和经济损失，这只是在汽车检测诊断技术水平低下的情况下的一种阶段性制度。目前，我国采用的"视情维修制度"，能最大限度地发挥零件的使用潜力，减少不必要的作业，提高了零部件的可靠性和经济效益。既避免了提前修理而造成的浪费，又不会因滞后修理而造成车况恶化。但这一维修制度的实施，必须以先进的汽车检测与诊断技术为前提。

目前，我国的汽车产量和销量已经连续几年居世界第一，提高检测技术、合理进行车辆维护对于整个社会的正常有序运行具有尤为重要的意义。

1. 汽车检测诊断参数

汽车的检测与诊断用于确定汽车技术状况，不仅要求其有完善的检测、分析、判断的手段和方法，而且在检测诊断汽车技术状况时，必须选择合适的诊断参数，确定合理的诊断参数标准和最佳诊断周期。诊断参数、诊断参数标准、最佳诊断周期是从事汽车检测诊断工作必须掌握的基础知识。

汽车检测诊断参数，是表征汽车、汽车总成及机构技术状况的量。有些结构参数可以表征技术状况，但在不解体的情况下，直接测量往往受到各种因素的限制，如汽缸间隙、曲轴和凸轮轴各轴颈的磨损量等，都无法在不解体情况下直接测量。因此，在检测诊断汽车技术状况时，需要采用一种既与结构参数有关而又能较好地表征技术状况的间接指标，该间接指标称为诊断参数。可以看出，诊断参数既与结构参数紧密相关，又能够反映汽车的技术状况，是一些可测的物理量或化学量。也就是说，诊断参数是通过适当的检测过程获取的汽车技术状况信息。

汽车诊断参数一般包括工作过程参数、伴随过程参数和几何尺寸参数。

(1)工作过程参数。该参数是汽车、总成或机构工作过程中输出的一些可供测量的物理量或化学量。例如,发动机功率、汽车燃料消耗量、制动距离或制动力、滑行距离等,往往能表征诊断对象总的技术状况,适合于总体诊断。如通过检测,底盘输出功率符合要求,说明发动机技术状况和传动系技术状况均符合要求。反之,如果底盘输出功率不符合要求,说明发动机输出功率不足或传动系功率损失太大,通过进一步深入检测诊断,可确定是发动机技术状况不佳还是传动系技术状况不佳。工作过程参数是深入诊断的基础。汽车不工作时,无法测量该参数。

(2)伴随过程参数。该参数是伴随工作过程输出的一些可测量,例如,振动、噪声、异响、温度等。这些参数可提供诊断对象的局部信息,常用于复杂系统的深入诊断。汽车不工作时,无法测量该参数。

(3)几何尺寸参数。该参数可提供总成或机构中配合零件之间或独立零件的技术状况,例如,配合间隙、自由行程、圆柱度、圆度、端面圆跳动、径向圆跳动等。这些参数提供的信息量有限,却能表征诊断对象的具体状态。

汽车常用的检测诊断参数如表 1-4 所示。

汽车常用检测诊断参数 表 1-4

检测诊断对象	检测诊断参数	检测诊断对象	检测诊断参数
汽车整体	最高车速	润滑系	油底壳液面高度
	加速时间		机油压力
	最大爬坡度		机油温度
	驱动车轮输出功率		机油消耗量
	驱动车轮驱动力		理化性能指标变化量
	汽车燃油消耗量		清净性系数 K 的变化量
	汽车侧倾稳定角		介电常数的变化量
	CO、HC、NO_x、CO_2、O_2 排放量		金属微粒含量
汽油机供给系	柴油车自由加速数烟度	转向系	转向盘自由转动量
	混合气空燃比		转向盘最大转向力
	汽油泵出口关闭压力		车轮侧滑量
	供油系供油压力		车轮前束值
	喷油器喷油压力		车轮外倾角
	喷油器喷油量		主销后倾角
	喷油器喷油不均匀度		主销内倾角
柴油机供给系	输油泵输油压力		传动系游动间隙
	喷油泵高压油管最高压力		传动系功率损耗
	喷油泵高压油管残余压力		机械传动效率
	喷油器针阀开启压力		总成工作温度
	喷油器针阀升程		转向轮最大转向角
			车辆最小转弯半径

检测诊断对象	检测诊断参数	检测诊断对象	检测诊断参数
柴油机供给系	各缸喷油器喷油量	制动系	制动距离
	各缸喷油器喷油不均匀度		制动力
	喷油器喷雾质量		制动减速度
	供油提前角、喷油提前角		驻车制动力
发动机总成	额定转速、怠速转速		制动拖滞力
	发动机功率		制动时间
	发动机燃油消耗量		制动系协调时间
	单缸断火(油)转速下降值		制动完全释放时间
	排气温度		制动液面高度
曲柄连杆机构	汽缸压缩压力	行驶系	车轮静不平衡量、车轮动不平衡量
	汽缸漏气量、汽缸漏气率		车轮端面圆跳动量
	曲轴箱漏气量		车轮径向圆跳动量
	进气管真空度		轮胎花纹深度
配气机构	气门间隙		轮胎气压
	配气相位	其他	前照灯发光强度
冷却系	冷却液液面高度		前照灯光束照射位置
	冷却液温度		车速表误差值
	风扇传动带预紧度		喇叭声级
	风扇离合器离合温度		驾驶员耳旁噪声
	风扇开启及关闭温度		客车车内噪声

要确定汽车的技术状况,必须合理选择检测诊断参数,一般应遵循以下原则:

(1)灵敏性。即有足够的灵敏度,它是诊断对象的技术状况在从正常状态到进入故障状态之前的整个使用期内,诊断参数相对于技术状况参数的变化率。选用灵敏性高的诊断参数诊断汽车的技术状况时,可提高诊断时的可靠性。

(2)稳定性。稳定性是指在相同的测试条件下,多次测得同一诊断参数的测量值,具有良好的一致性(重复性)。诊断参数的稳定性越好,其测量值的离散度越小。稳定性不好的诊断参数,其灵敏性也低,可靠性差。

(3)信息性。信息性是指诊断参数对汽车技术状况具有的表征性。表征性好的诊断参数,能揭示汽车技术状况的特征和现象,反映汽车技术状况的全部情况。诊断参数的信息性越好,其包含的汽车技术状况信息量越多,得出的诊断结论越可靠。

(4)经济性。经济性是指获得诊断参数的测量值所需要的诊断作业费用的多少,包括人力、工时、场地、仪器、设备和能源消耗等项费用。经济性高的诊断参数,所需要的诊断作业费用低。

检测得到的诊断参数数值与测量条件和方法都有关系,测量条件一般指:温度条件、速度条件、负荷条件等。大多数诊断参数的检测得需要汽车行驶至正常工作温度。除了温度条件外,速度条件和负荷条件也很重要,例如,发动机功率的检测,需在一定的转速和负荷下进行;汽车制动距离的检测,需在一定的初速度和载荷下进行。对诊断参数的测量方法也有规定,如汽油车排气污染物的测量,以往采用怠速法或双怠速法,目前常用简易瞬态工况法等进行。只有在一定的测量条件和测量方法下,测量的结果才是有意义的。

2.检测诊断参数标准的组成

通过检测结果来评价汽车及其总成或机构的技术状况,必须有标准进行对比和衡量。诊断参数标准一般由以下三部分组成:

(1)初始值。此值相当于无故障新车和大修车诊断参数值的大小,往往是最佳值,可作为新车和大修车的诊断标准。当诊断参数测量值处于初始值范围内时,表明诊断对象技术状况良好。

(2)许用值。诊断参数测量值若在此值范围内,表明诊断对象技术状况虽发生变化,但尚属正常,无需修理,按要求维护即可继续运行;超过此值,应及时进行修理。许用值是某一个范围值。

(3)极限值。诊断参数测量值超过此值后,表明汽车技术状况严重恶化,须进行修理。此时,汽车的动力性、经济性和环保性大大降低,行驶安全得不到保证,有关机件磨损严重,甚至可能发生机械事故。

综上所述,当检测诊断参数测量值在许用值以内时,汽车可继续运行;当检测诊断参数测量值达到或超过极限值时,须停止运行,进厂维修。因此,将检测诊断参数测量值与诊断参数标准值比较,就可得知汽车技术状况。

3.汽车诊断参数相关标准

按照《中华人民共和国标准化法》的规定,汽车诊断参数标准也可以分为国家标准、行业标准、地方标准和企业标准四类。

(1)国家标准。国家标准是国家制定的标准,冠以中华人民共和国国家标准(GB)字样。国家标准一般由某行业部委提出,由国家质量监督检验检疫总局发布,全国各级有关单位和个人都必须贯彻执行,具有强制性和权威性。如《营运车辆综合性能要求和检验方法》(GB 18565—2001)、《车用压燃式发动机和压燃式发动机汽车排气烟度排放限值及测量方法》(GB 3847—2005)、《机动车安全技术检验项目和方法》(GB 21861—2008)和《机动车运行安全技术条件》(GB 7258—2012)等,都是国家标准,在汽车检测中必须执行。

(2)行业标准。行业标准也称为部委标准,是部级制定并发布的标准,在部委系统内或行业系统内贯彻执行,一般冠以中华人民共和国某某行业标准字样,在一定范围内具有强制性和权威性,有关单位和个人也必须贯彻执行。例如《营运车辆技术等级划分和评定要求》(JT/T 198—2004),为中华人民共和国交通运输行业标准,其与诊断有关的限值均可作为诊断参数标准使用。

(3)地方标准。地方标准是省级、市级、县级制定并发布的标准,在地方范围内贯彻执行,在一定范围内具有强制性和权威性,所属范围内的有关单位和个人必须贯彻执行。省、市、县三级除贯彻执行上级标准外,可根据本地具体情况制定地方标准或率先制定上级没有制定的标准。地方标准中的限值应比上级强制标准中的限值要求更严格,如杭州市机动车目前针对排放实行的是国Ⅳ标准。针对车辆检测的地方标准有:《在用点燃式发动机轻型汽车简易瞬态工况法排气污染物排放限值》(DB 33/660—2008)、《在用压燃式发动机汽车加载减速法排气烟度排放限值》(DB 33/843—2011)。

(4)企业标准。企业标准包括汽车生产厂家推荐的标准、汽车运输企业和汽车维修企业内部制定的标准、检测仪器设备制造厂推荐的参考性标准三种类型。

企业标准由企业制定,由企业法人代表或法人代表授权的主管领导批准、发布。企业标准一般以"Q"作为开头,企业标准的层次是最低的,但并不是说其技术水平是最低的。

汽车运输企业和维修企业的标准是本企业内部制定的标准,只在企业内部贯彻执行。该类标准除贯彻执行上级标准外,往往根据本企业的具体情况,制定一些上级标准中尚未明确的内容。企业标准中,有些诊断参数的限值比上级标准还要严格,以保证汽车维修质量。企业标准须达到国家标准和上级标准的要求,同时允许超过国家标准和上级标准的要求。

检测仪器设备制造厂推荐的参考性标准是检测仪器设备制造厂针对本仪器或设备所检测的诊断参数,在尚没有国家标准和行业标准的情况下制定的诊断参数的限值,通过产品使用说明书提供给使用者,作为参考性标准。

以上任何一级标准的制定,都既要考虑技术性和经济性,又要考虑先进性,并尽量靠拢同类国际标准。

诊断参数标准往往会随行业的发展而做适当的调整,这就需要技术人员随时掌握和应用最新的标准。

4. 检测诊断周期

检测诊断周期是汽车检测诊断的间隔期,以行驶里程或使用时间表示。检测诊断周期的确定,应满足技术和经济两方面的条件,其最佳值为能保证车辆的完好率最高而消耗的费用最少。

(1)制定最佳检测诊断周期应考虑的因素

制定最佳检测诊断周期,应考虑汽车技术状况和汽车使用条件,还应考虑汽车检测诊断、维护修理和停驶损耗的费用等因素。

①汽车技术状况在汽车新旧程度不一、行驶里程不一、技术状况等级不一,甚至还有使用性能、结构特点、故障规律、配件质量不一等情况下,制定的最佳检测诊断周期显然也不能一样。新车和大修后的车辆,其最佳检测诊断周期长,反之应短。

②汽车使用条件包括气候条件、道路条件、装载条件、驾驶技术、是否拖挂、燃润油料质量等。气候恶劣、道路状况差、经常重载、驾驶技术不佳、拖挂行驶、燃润油料质量得不到保证的汽车,其最佳检测诊断周期短,反之则长。

③经济性。它包括检测诊断、维护修理、停驶损耗的费用。若使检测诊断、维护修理费用降低,则应使检测诊断周期延长,但汽车因故障停驶的损耗费用和行驶消耗费用会增加;若使停驶损耗的费用和行驶消耗费用降低,则应使检测诊断周期缩短,但检测诊断、维护修理的费用会增加。在具体确定过程中,应从总费用最低的角度来进行考虑。

(2)制定最佳检测诊断周期的方法

大量统计资料表明,单位里程费用最小和技术完好率最高,两者是可以求得一致的。

根据交通运输部《汽车运输业技术管理规定》,汽车实行"定期检测、强制维护、视情修理"的制度。该规定要求车辆二级维护前应进行检测诊断和技术评定,根据检测结果,确定附加作业或修理项目,结合二级维护一并进行。该规定又指出,车辆修理应贯彻"视情修理"的原则,即根据车辆检测诊断和技术鉴定的结果,视情按不同作业范围和深度进行,既要防止拖延修理造成车况恶化,又要防止提前修理造成浪费。

当车辆要进行送检时,送检员必须清楚送检所需的手续,并基本能看懂检测报告单。

表 1-5

汽车综合性能检测报告

编号：

车辆单位		车牌号码		厂牌		车型类别		载质量（座位数）		启用日期	
送检单位		道路运输证号		发动机号码		车架号码		燃料		灯制	
检测类别										检测日期	

类别	序号	检测内容		检测依据/标准要求	检验数据	结果
发动机	1	怠速转速		符合出厂规定	r/min	
	2	机油压力			MPa	
动力性	3	（1）校正驱动轮输出功率/额定转矩比值 出功率/额定转矩比值		符合 GB 18565—2001 标准	%	
		（2）校正驱动轮输出功率/额定功率			%	
	4	加速时间		符合出厂规定 标准	s	
油耗	5	等速百公里油耗		符合 GB 18565—2001 标准	L/100km	
制动性能	6	轴荷	一轴 二轴 三轴 四轴	符合 GB 18565—2001 标准	kg kg kg	
	7	制动力	一轴 二轴 三轴 四轴	符合 GB 7258—2012 标准	N N N N	左/右
		制动力利用质量	整车 前轴 二轴 三轴 四轴		% % % %	
		制动力平衡			%	左/右
		制动协调时间			s	
		车轮阻滑率	一轴 二轴 三轴 四轴		% % % %	左/右
	8	驻车制动	整车		%	
转向操纵性	9	转向轮侧滑量		符合 GB 18565—2001 标准	m/km	
	10	转向盘自由转动量			N	左/右
	11	转向盘操纵力	前 左/右	符合出厂规定		
	12	车轮前束 车轮外倾 主销内倾 主销后倾	左/右 内/外		% %	
	13	转向轮最大转角	左转 右转			

类别	序号	检测内容		标准要求	检验数据	结果
悬架特性	14	吸收率或悬架效率			前左 % 后右 %（前轴） 前轴 %（后轴）	
照明	15	同轴左右差值 前照灯发光强度		符合 GB 18565—2001 标准	左：cd 右：cd	
	16	前照灯近光光束上下偏移量 前照灯近光光束水平偏移量		符合 GB 18285—2001 标准	左：H 右：H 左：mm/10m 右：mm/10m	
	17	前照灯远光光束上下偏移量 前照灯远光光束水平偏移量		符合 GB 18285—2001 标准	左：H 右：mm/10m 左：mm/10m 右：mm/10m	
排气污染	18	双怠速 怠速 高怠速		符合 GB 18285—2001 标准	CO：% HC：×10⁻⁶ CO：% HC：×10⁻⁶ λ	
	19	稳态工况 ASM5025 ASM2540		符合 GB 18285—2001 标准	HC：×10⁻⁶ CO：×10⁻⁶ NO：×10⁻⁶ HC：×10⁻⁶ CO：% NO：×10⁻⁶	
	20	柴油车自由加速 光吸收系数		符合 GB 3847—2005 标准	m⁻¹	
噪声	21	定置噪声			dB(A)	
	22	客车车内噪声			dB(A)	
	23	喇叭声级		符合 GB 18565—2001 标准	dB(A)	
	24	驾驶员耳旁噪声			dB(A)	
其他	26	客车防雨密封性		符合 GB/T 12480—1990 标准	分	
	27	车速表		符合 GB 7258—2012 标准	km/h	
	28	滑行性能	（1）距离 （2）阻力 充分发出的平均减速度	符合 GB 18565—2001 标准	m N m/s²	
	29	行车制动	制动距离 制动稳定性 制动协调时间	符合 GB 7258—2012 标准	m ≤ m s	

检验标准依据（整车装备及外观检查，序号 30—52，均为：符合 GB 18565—2001 标准）：

类别	序号	检视内容	标准要求	结果
整车装备及外观检查	30	整车装备及标志	符合 GB 18565—2001 标准	
	31	车架、车身、驾驶室	符合 GB 18565—2001 标准	
	32	外型与连接	符合 GB 18565—2001 标准	
	33	车门、车窗、刮水器	符合 GB 18565—2001 标准	
	34	驾乘座椅	符合 GB 18565—2001 标准	
	35	卧铺	符合 GB 18565—2001 标准	
	36	安全出口、安全带	符合 GB 18565—2001 标准	
	37	车厢、地板、挡泥板	符合 GB 18565—2001 标准	
	38	车轮、轮胎	符合 GB 18565—2001 标准	
	39	悬架系、车桥	符合 GB 18565—2001 标准	
	40	转向节及球头销	符合 GB 18565—2001 标准	
	41	杆及球头销	符合 GB 18565—2001 标准	
	42	制动装置（行车、应急、驻车制动）	符合 GB 18565—2001 标准	
	43	螺栓、螺母紧固	符合 GB 18565—2001 标准	
	44	灯光数量、光色、位置	符合 GB 18565—2001 标准	
	45	信号装置与仪表	符合 GB 18565—2001 标准	
	46	漏气、漏油、漏液、漏电	符合 GB 18565—2001 标准	
	47	底盘异响	符合 GB 18565—2001 标准	
	48	发动机异响	符合 GB 18565—2001 标准	
	49	润滑	符合 GB 18565—2001 标准	
	50	灭火器	符合 GB 18565—2001 标准	
	51	车内外后视镜、前后下视镜	符合 GB 18565—2001 标准	
	52	汽车和挂车侧面、后下部防护装置	符合 GB 18565—2001 标准	

检测结论：

审核人（签字）： 年 月 日

批准人（签字）： （检测专用章） 年 月 日

— 17 —

任务三 受检车辆的交接与检测信息识读

以综合性能检测为例,送检车辆应该随带车辆技术档案、行驶证等,在受理窗口确认检测的类别,即是等级评定检测还是二级维护检测,前者由车主自己送检,检测结果用于确定车辆属于哪个技术状况等级(1、2、3级);后者由承修方送检,受理窗口工作人员根据检测程序提示输入车辆相关信息,由检测员和引车员直接检测。检测结束,由送检员到受理窗口办签证手续。

车辆检测结束后应打印"汽车综合性能检测报告",见表1-5。

思考题一

1. 车辆进行性能检测的目的是什么?
2. 汽车检测站有哪几种类型?
3. 目前车辆检测涉及哪些相关标准?
4. 检测诊断参数有哪几种类型?
5. 选择诊断参数的标准是什么?
6. 说出综合性能检测站有哪些检测项目。
7. 试述汽车检测的流程。

学习情景二 汽车动力性能检测

许多年轻人在购车时,经常会考虑车辆的"力量"怎么样? 开车时是否有"推背"感? 车辆超车能力怎么样? 爬坡能力怎么样? 汽车的最高速度是多少? 要比较不同的汽车在这方面的性能,就必须用汽车动力性进行评价。

任务一 汽车动力性能的评价

一、汽车行驶过程受力

要确定汽车动力性指标,首先必须对汽车在行驶过程中的受力情况进行分析。因为汽车沿行驶方向的各种运动情况,是由作用于汽车行驶方向的各种外力作用的结果。作用在汽车行驶方向的外力有汽车的驱动力和行驶阻力。根据这些力的平衡关系,建立汽车行驶方程式,就可以讨论汽车的动力性。

1. 汽车行驶过程驱动力的分析

汽车发动机产生的有效转矩 M_e,经过汽车传动系传到驱动轮上,此时作用在驱动轮上的转矩 M_t 便产生一个对地面向后的圆周力 F_0。根据作用力与反作用力原理,地面对驱动轮产生一个向前的反作用力 F_t,F_t 即为驱动汽车的外力,称为汽车的驱动力。如图 2-1 所示,其大小为:

$$F_t = \frac{M_t}{r} \tag{2-1}$$

式中:M_t——作用于驱动轮上的转矩,N·m;

r——车轮半径,m。

若发动机输出的有效转矩为 M_e,变速器的传动比为 i_k,主减速器的传动比为 i_0,传动系的效率为 η_T,则式(2-1)可表示为:

$$F_t = \frac{M_e i_k i_0 \eta_T}{r} \tag{2-2}$$

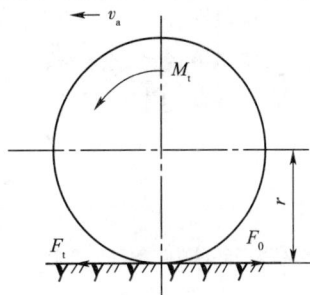

图 2-1 汽车的驱动力

对于装有分动器、轮边减速器和液力传动等装置的汽车,应计入相应的传动比和机械效率。

由式(2-2)可知,汽车的驱动力 F_t 与发动机的转矩、传动系的各传动比、传动系的机械效率成正比,与车轮半径成反比。下面对公式中的 M_e、η_T 及 r 的取值进行讨论,最后作出驱动力图。

(1)发动机转矩 M_e

发动机的转矩可根据其使用外特性确定。使用外特性曲线是根据带上全部附件时的发动机在试验台架绘制成的。

严格地讲,台架试验是在发动机工况相对稳定,即保持水、机油温度于规定的数值,并且在各个转速不变时测得的转矩、油耗数值。在实际使用中,发动机的工况经常是不稳定的。发动机的热状况、可燃混合气的浓度与台架试验有显著差异。所以在不稳定工况下,发动机所提供的功率要比稳定工况时低 5% ~ 8%,电喷发动机要下降得少一些。但由于发动机变工况时功率不易测量,所以在进行动力性估算时,一般沿用台架试验稳定工况时所测得的使用外特性中的功率和转矩曲线。

(2)传动系的机械效率

发动机的有效功率为 P_e,经传动系在传动过程中损失的功率为 P_T,则驱动轮得到的功率仅为 $P_e - P_T$,那么传动系机械效率可表示为:

$$\eta_T = \frac{(P_e - P_T)}{P_e} = 1 - P_T/P_e \tag{2-3}$$

传动系内损失的功率 P_T 是在离合器、变速器、传动轴、主减速器、驱动轮轴承等处的机械损失和液力损失功率的总和,其中变速器和主减速器损失的功率所占比例最大。

机械损失是指齿轮传动副、轴承、油封等处的摩擦损失,其大小主要决定于啮合的齿轮对数、传递转矩的大小及装配加工的精度等。

液力损失是指消耗于润滑油的搅动、润滑油与旋转零件表面的摩擦等功率损失。其大小主要决定于转速、润滑油黏度、工作温度和油面的高度等。

虽然 η_T 受到多种因素影响,但在动力性计算时,一般把它取为常数。一般轿车取 0.9 ~ 0.92,单级主传动货车取 0.85,驱动形式为 4×4 的汽车取 0.85,驱动形式为 6×6 的汽车取 0.8。

(3)车轮半径

充气轮胎的车轮,在不同状况下有不同的半径。

自由半径 r_0:处于无载状态下的车轮半径。

静力半径 r_s:在车重作用下,轮心到地面的距离。

滚动半径 r_r:在满载行驶状态,根据车轮滚过的圈数 n_w 和汽车驶过的距离 $s(m)$,由下式计算出来的半径。

$$r_r = \frac{s}{2\pi n_w} \tag{2-4}$$

显然,对汽车做运动学分析时,应用滚动半径;而做动力学分析时,应用静力半径。做粗略分析时,通常不计其差别,统称车轮半径 r,即认为:

$$r_r \approx r_s \approx r \tag{2-5}$$

(4)汽车的驱动力图

表示汽车驱动力与车速之间函数关系的曲线,即 F_t—v_a 曲线,称为汽车的驱动力图。它直观地显示了驱动力随车速变化的规律。对应于不同的挡位,有不同的驱动力曲线。

在发动机使用外特性曲线中,传动系传动比、传动系效率、车轮半径等参数已知或确定后,就可作出汽车的驱动力图,如图 2-2 所示。

作图步骤如下:

图 2-2 某汽车的驱动力图

①直角坐标,横坐标为车速 v_a,纵坐标为驱动力 F_t。

②在使用外特性曲线上每隔 $200 \sim 400\text{r/min}$ 取一点 (M_e, n),并计算在某一挡位下,发动机处于某一状态时的汽车驱动力和车速。

③在 F_t—v_a 坐标上作出相应的点,将所得的点连成圆滑的曲线,就得到了该挡位下的驱动力曲线。对应不同的挡位,有不同的驱动力曲线。

由于所作的驱动力图是根据发动机使用外特性曲线制成的,它表示该挡位在该速度下的最大的驱动力,当节气门开度减小时,相对应的驱动力也减小,故曲线下方的区域都可称为汽车的实际工作区。

2. 汽车行驶过程阻力的分析

汽车在水平道路上等速行驶时必须克服来自地面的滚动阻力 F_f 和来自空气的空气阻力 F_w;当汽车在坡道上上坡行驶时,还必须克服重力沿坡道的分力,称为上坡阻力 F_i。汽车加速行驶时,还需要克服其惯性力,称为加速阻力 F_j。因此汽车行驶的总阻力为:

$$\sum F = F_f + F_w + F_i + F_j \tag{2-6}$$

上述诸阻力中,滚动阻力和空气阻力是在任何行驶条件下均存在的。上坡阻力和加速阻力仅在一定行驶条件下存在。在水平道路上等速行驶时就没有加速阻力和上坡阻力。

1)滚动阻力

(1)滚动阻力的产生

滚动阻力是当车轮在路面上滚动时,两者之间相互作用力以及相应的轮胎和支承面变形所产生的能量损失的总称。它包括以下内容:

①道路塑性变形损失。

②轮胎弹性迟滞损失。

③其他损失,如轴承、油封损失、悬架零件间摩擦和减振器内损失等。

汽车在松软路面上行驶时,滚动阻力主要是由路面变形引起的;汽车在硬路面上行驶时,滚动阻力主要是由轮胎变形引起的。如图 2-3、图 2-4 所示。

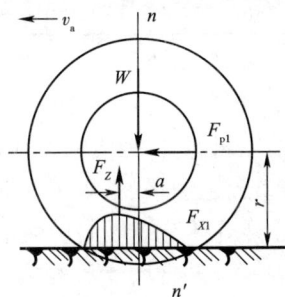

图 2-3　从动轮在硬路面上滚动　　　　图 2-4　驱动轮在硬路面上滚动

(2)滚动阻力的计算

汽车滚动阻力构成非常复杂,难以精确计算,而且驱动轮与从动轮也不完全相同。在一般计算中,汽车滚动阻力以下式计算:

$$F_f = G \cdot f \tag{2-7}$$

式中:F_f——滚动阻力;

　　　G——汽车总重;

　　　f——滚动阻力系数。

滚动阻力系数表示了单位车重的滚动阻力。汽车在不同路面上的滚动阻力系数值不等。

（3）影响滚动阻力系数的因素

滚动阻力系数的数值由试验确定。其数值与轮胎（结构、材料、气压）、道路（路面的种类与状况）及使用条件（行驶速度与受力情况）有关。

①轮胎的结构、帘线及橡胶品种对滚动阻力都有影响。在保证轮胎有足够的强度和寿命的前提下，减少帘布层数，可以使胎体减薄而减小滚动阻力系数。子午线轮胎，因帘线层数少，因此其滚动阻力系数较一般轮胎的滚动阻力系数小，而且随车速的变化小。胎面花纹磨损的轮胎，比新轮胎的滚动阻力系数小。

②轮胎气压对滚动阻力系数影响很大。气压降低时，在硬路面上轮胎变形大，因此滚动阻力系数增大；气压过高，在软路面上行驶时，路面产生很大塑性变形，将留下轮辙，同样使滚动阻力系数增大。

③路面的种类和状况不同，使滚动阻力系数在很大范围内变化。坚硬、平整而干燥的路面，滚动阻力系数最小。路面不平，滚动阻力系数将成倍增长。这是因为路面不平会引起轮胎和悬架机构的附加变形，并且会使减振器内产生的阻力成倍地消耗能量。松软路面由于塑性变形很大，使滚动阻力系数增加很多。

车速在50km/h以下时，不同路面上的滚动阻力系数值见表2-1。

滚动阻力系数的数值表　　　　　　　　　　　表2-1

路　面　类　型	滚动阻力系数	路　面　类　型	滚动阻力系数
良好的沥青或混凝土路面	0.010～0.018	压紧土路	0.050～0.150
一般的沥青或混凝土路面	0.018～0.020	泥泞土路（雨季或解冻期）	0.100～0.250
碎石路面	0.020～0.025	干砂	0.100～0.300
良好的卵石路面	0.025～0.030	湿砂	0.060～0.150
坑洼的卵石路面	0.035～0.050	结冰路面	0.015～0.030
压紧土路（干燥的）	0.025～0.035	压紧的雪道	0.030～0.050

图2-5　滚动阻力系数与行车速度的关系

④行车速度对滚动阻力系数影响很大。如图2-5所示，车速在100km/h以下时，滚动阻力系数变化不大；在100km/h以上时增长较快。车速达某一高速时，如在150～200km/h之间，滚动阻力系数迅速增长，因为这时轮胎将发生驻波现象，即轮胎周缘不再是圆形而呈明显的波浪状，出现驻波后，滚动阻力系数显著增加。而且轮胎的温度也很快增加，胎面与轮胎帘布层会产生脱落，出现爆破现象，这对高速行驶车辆很危险。

在进行汽车动力性分析时，一般取良好硬路面滚动阻力系数值。对于轿车，当$v_a < 50$km/h时，$f = 0.0165$；当$v_a > 50$km/h时，f值可按下式估算：

$$f = 0.0165[1 + 0.01(v_a - 50)] \tag{2-8}$$

货车轮胎气压高，行驶速度低，其f值估算公式为：

$$f = 0.0076 + 0.000056v_a \tag{2-9}$$

在使用中，如果轮胎气压不足、前后轴的平行性差、前轮定位失准等，都会使滚动阻力系数增加。当有侧向力作用时，地面对轮胎产生侧向反作用力，引起轮胎的侧向变形，滚动阻力系数将大幅度增加,例如在转弯行驶时。

应用表2-1时,对于轿车,其轮胎气压较低、轮胎变形较大,滚动阻力系数值应偏向上限。对于载货汽车,其轮胎气压较高,滚动阻力系数值应偏向下限。

2)空气阻力

汽车在空气介质中行驶时,受到的空气作用力在行驶方向上的分力称为空气阻力。

(1)空气阻力的组成

空气阻力包括摩擦阻力和压力阻力两大部分。

①摩擦阻力是由于空气的黏性而在车身表面产生的切向力的合力在行驶方向的分力。摩擦阻力与车身表面粗糙度及表面积有关。

②压力阻力是作用在汽车外形表面上的法向压力的合力在行驶方向上的分力。它包括下列四部分:

a.形状阻力。汽车行驶时,空气流经车身,在汽车前方空气相对被压缩,压力升高,车身尾部和圆角处空气压力较低,形成涡流,引起负压。即由汽车前后部压力差所引起的阻力称为形状阻力。形状阻力大小与车身主体形状有很大关系,例如,车头、车尾的形状及风窗玻璃的倾角等。

b.干扰阻力。干扰阻力即突出于车身表面的部分所引起的空气阻力,如门把手、后视镜、翼子板、悬架导向杆、驱动轴等。

c.诱导阻力。诱导阻力即汽车上下部压力差(即升力)在水平方向的分力。

d.内循环阻力。内循环阻力即发动机冷却系、车身内通风等,需空气流经车体内部时形成的阻力。

以上五种阻力的合力在汽车行驶方向上的分力即为空气阻力。以轿车为例,这几部分阻力所占比例如表2-2所示。

空 气 阻 力 组 成　　　　　　　　　　　　表2-2

组成	摩擦阻力	形状阻力	干扰阻力	诱导阻力	内循环阻力
比例	8%～10%	55%～60%	12%～18%	5%～8%	10%～15%

(2)空气阻力的计算

在汽车行驶速度范围内,根据空气动力学原理,空气阻力的数值通常由下式确定:

$$F_w = \frac{C_D A v_a^2}{21.15} \qquad (2\text{-}10)$$

式中:C_D——空气阻力系数,主要取决于车身形状;

　　A——汽车迎风面积,m^2;

　　v_a——汽车与空气的相对速度,km/h。

式(2-10)表明,空气阻力是与空气阻力系数 C_D 及迎风面积 A 成正比的。为了保证必需的乘坐空间,A 值不能过小,所以从结构上降低空气阻力主要应从降低空气阻力系数 C_D 入手。

(3)空气阻力系数 C_D

C_D 值的大小和汽车外形关系极大,这要求汽车外形的流线型好。C_D 值可通过风洞试验测定。根据现代空气动力学的原理,轿车车身常采用下列方法降低 C_D 值,如图2-6所示。

①整车。

a.在汽车侧视图上,汽车应前低后高,使车身呈 1°～2° 的负迎角。这可以减少流入车底的空气量,使C_D值下降,并可以减少升力。

　　b. 在俯视图上,车身两侧应为腰鼓形,前端呈半圆状,后端有些收缩。

图 2-6　轿车车身常采用降低 C_D 值方法

1-前端低矮;2-合适的冷却风入口;3、5-大弧形拐角;4-前翼子板向前收缩;6、11-后翼子板向后收缩;7-平滑的表面;8-大倾斜角的前风窗;9-高而短的行李舱盖;10-鸭尾;12-R 形的后柱

　　②车身前部。

　　a. 发动机舱盖向前下方倾斜,面与面的交接处为大圆弧的圆柱面。

　　b. 风窗玻璃为圆弧状,尽可能躺平且与中部拱起的车顶盖圆滑过渡。前窗与水平线夹角为30°左右时,C_D值最低。

　　c. 前后玻璃支柱应圆滑,窗框高出玻璃面的程度应尽可能小。

　　d. 用埋入式远光灯、近光灯、刮水器和门把手,灯的玻璃罩与车头、车尾组成圆滑的整体。

　　e. 后视镜等突出物的形状应接近流线型。

　　f. 拱形保险杠与车头连成连续圆滑的整体。

　　g. 在保险杠之下的车头处,安装适当长度的向前或前下方伸出的阻流板,虽然它本身会产生一定的阻力,但它能抑制车头处较大涡流的产生。

　　③汽车后部。

　　a. 在汽车侧视图上,后风窗玻璃与水平线呈 25°以下夹角的,称为快背式车身;呈 25°~50°夹角的,称为舱背式车身。最好采用快背式或舱背式。

　　b. 在其后端装有凸起的扰流板。它具有阻滞作用,使流过车身上表面气流的速度降低,从而降低了垂直于后窗表面负压力的绝对值,使空气阻力减小。

　　c. 在外观上,有行李舱的称为折背式车身,它的后风窗玻璃与水平线尽可能呈30°角,并采用短而高的行李舱。

　　④车身底部。

　　a. 所有零部件在车身下应尽量齐平,最好有平滑的底板盖住底部。

　　b. 盖板从车身中部或从车轮以后上翘约为6°角,这可顺利地引导车身下的气流流向尾部,减少在车尾后形成的涡流,使C_D值下降。

⑤发动机冷却进风系统。

恰当地选择进出风口位置、尺寸和形状,很好地设计通风道,在保证冷却效果的前提下,尽量减少气流内循环阻力。

随着汽车速度的不断提高,汽车的 C_D 值在不断地降低,如奥迪 100-Ⅲ 型轿车在 Ⅱ 型基础上采用优化措施,使 C_D 值由原来的 0.42 降至 0.30。预计在不久的将来,实际应用的轿车 C_D 值可达 0.2。

随着高速公路的发展,货车的外形设计也采用了减少 C_D 值的方法。驾驶室顶盖、风窗玻璃及前脸在侧视图上具有大的圆弧,特别是整个驾驶室装用导流板装置,可大幅度减少 C_D 值。试验表明,半挂车采用图 2-7 所示的附加装置,可使 C_D 值减少 30%。

3)上坡阻力

当汽车上坡行驶时,汽车重力在平行于路面方向的分力,称为汽车的上坡阻力,用 F_i 表示,如图 2-8 所示。

图 2-7　半挂车减少空气阻力的附加装置

1-间隔衬罩;2-车顶导流板;3-车顶流罩;4-扰
流器;5-底板;6-侧裙

图 2-8　汽车的上坡阻力

F_i 与汽车重力及坡度角 α 的关系为:

$$F_i = G\sin\alpha(\text{N}) \tag{2-11}$$

道路坡度常用坡高与底长之比的百分数来表示。

$$i = \frac{h}{s} \times 100\% = \tan\alpha \tag{2-12}$$

我国各级公路及高速公路允许的纵向坡度一般较小。

当 $\alpha < 10° \sim 15°$ 时,可认为:

$$\sin\alpha \approx \tan\alpha \approx i \tag{2-13}$$

由于上坡阻力与滚动阻力均属于与道路有关的阻力,而且均与车重成正比,故有时把这两种阻力合在一起称为道路阻力,用 F_ψ 表示,即:

$$F_\psi = F_f + F_i \tag{2-14}$$

在坡道上　　　　　　　　　　$F_f = fG\cos\alpha \tag{2-15}$

所以　　　　　　　　$F_\psi = G(f\cos\alpha + \sin\alpha) \tag{2-16}$

令　　　　　　　　　　$\psi = f\cos\alpha + \sin\alpha \tag{2-17}$

ψ 称为道路阻力系数,表示单位车重的道路阻力。当 α 较小时,$\psi = f + i$。

则　　　　　　　　　　　　$F_\psi = G\psi \tag{2-18}$

值得注意的是,当汽车下坡时,F_i 为负值,即行驶阻力变成动力。

4)加速阻力

汽车加速行驶时,需要克服其加速运动时的惯性力,就是加速阻力 F_j。为便于计算,通常把汽车的质量分为平移质量和旋转质量两部分。加速时,不仅平移的质量产生惯性力,旋转的质量还要产生惯性力偶矩。为便于计算,一般把旋转质量的惯性力偶矩转化为平移质量的惯性力,并以系数 δ 作为计入旋转质量惯性力偶矩后的汽车质量换算系数,因而汽车加速阻力 F_j 可写成:

$$F_j = \delta \frac{G}{g} \cdot \frac{\mathrm{d}v}{\mathrm{d}t} \tag{2-19}$$

式中: δ —— 汽车旋转质量换算系数;

    G —— 汽车重力,N;

    g —— 重力加速度,m/s^2;

    $\dfrac{\mathrm{d}v}{\mathrm{d}t}$ —— 行驶加速度,m/s^2。

δ 主要与飞轮的转动惯量、车轮的转动惯量以及传动系的传动比有关。

二、汽车不同行驶状态的条件

1. 汽车驱动力平衡方程分析

汽车必须有一定的驱动力,以克服各种行驶阻力,才能正常行驶。表示汽车驱动力与行驶阻力之间关系的等式,称为汽车的驱动力平衡方程,即汽车的行驶方程式为:

$$F_t = F_f + F_w + F_i + F_j \tag{2-20}$$

或者

$$\frac{M_e i_k i_0 \eta_T}{r} = Gf\cos\alpha + \frac{C_D A v_a^2}{21.15} + G\sin\alpha + \frac{\delta G \mathrm{d}v}{g \mathrm{d}t} \tag{2-21}$$

式(2-21)说明了汽车行驶中驱动力与各行驶阻力的平衡关系,其平衡关系不同,则汽车的运动状态不同。

2. 汽车行驶的驱动条件分析

当 $F_t > F_f + F_w + F_i$ 时,汽车将加速行驶。

当 $F_t = F_f + F_w + F_i$ 时,汽车将等速行驶。

当 $F_t < F_f + F_w + F_i$ 时,汽车将无法起步或减速行驶直至停车。

所以汽车的驱动条件为:

$$F_t \geq F_f + F_w + F_i \tag{2-22}$$

当发动机的转速特性、变速器的传动比、主减速比、传动效率、车轮半径、空气阻力系数、汽车迎风面积以及汽车质量等初步确定后,便可使用此式分析汽车在附着性能良好的典型路面(混凝土、沥青路面)上的行驶能力,即确定汽车在节气门全开时可能达到的最高车速、加速能力和爬坡能力。

3. 汽车行驶的附着条件分析

从以上分析可知,可以采用增加发动机转矩、加大传动系传动比等措施,以增大汽车的驱动力,最终实现汽车动力性的提高。但是这些措施只有在驱动轮与路面不发生滑转现象时才有效。如果驱动轮在路面滑转,则增大驱动力只会使驱动轮加速旋转,地面切向反作用力并不会增加,汽车仍不能行驶。这种现象说明地面作用在驱动轮上的切向反作用力受地面接触强度的限制,并不能随意加大,即汽车行驶除受驱动条件制约外,还受轮胎与地面附着条件的限制。

地面对轮胎切向反作用力的极限值称为附着力,记作 F_φ。在硬路面上附着力取决于轮

胎与路面间的相互摩擦,它与驱动轮法向作用力 F_z 成正比,常写成:

$$F_\varphi = F_z\varphi \tag{2-23}$$

φ 称为附着系数,它是由轮胎和路面的结构特性决定的,表示轮胎与路面的接触强度。在硬路面上,附着系数 φ 反映了轮胎与路面的摩擦作用。当轮胎与路面接触时,路面的坚硬微小凸起能嵌入变形的轮胎中,增加了轮胎与路面的接触强度,对轮胎滑转有一定的阻碍作用。

在松软路面上,附着系数不仅取决于轮胎与土壤间的摩擦作用,同时还取决于土壤的抗剪切强度。因为只有当嵌入轮胎花纹沟槽的土壤被剪切脱开基层时,轮胎在接地面积内才产生相对滑动,车轮才发生相对滑转。

易知,地面切向反作用力不能大于附着力,否则会发生驱动轮滑转,汽车将不能行驶。

$$F_t \leqslant F_\varphi = F_z\varphi \tag{2-24}$$

式中:F_z——作用在所有驱动轮上的地面反作用力,此即为汽车行驶的附着条件。

将汽车的驱动条件与附着条件联立,则得:

$$F_f + F_w + F_i \leqslant F_t \leqslant F_z\varphi \tag{2-25}$$

这就是汽车行驶的充分必要条件,称为汽车行驶的驱动—附着条件。

4. 附着系数的相关影响因素分析

附着系数主要取决于路面的种类与状况、轮胎的结构和气压以及其他一些使用因素。

(1)路面种类与状况

坚硬路面的附着系数较大,路面的坚硬微小凸起部分嵌入轮胎的接触面,使接触强度增大。因长期使用,已经磨损和风化的路面附着系数会降低。气温升高时,路面硬度下降,附着系数也会下降。路面被细沙、尘土、油污等覆盖时,都会使附着系数下降。

松软土壤的抗剪切强度较低,其附着系数较小。潮湿、泥泞的土路,土壤表层因吸水量多而使抗剪切强度更差,附着系数下降很多,这是汽车越野行驶困难的原因之一。

路面的结构对排水能力也有很大影响。路面的宏观结构应具有一定的平面度而且有自动排水的能力;路面的微观结构应是粗糙而且有一定的尖锐棱角,以穿透水膜直接与胎面接触。

(2)轮胎的结构与气压

轮胎花纹对 φ 值影响也较大。具有细而浅花纹的轮胎,在硬路面上有较好的附着能力;具有宽而深花纹的轮胎,在软路面上,可使附着能力有所提高。增加胎面的纵向花纹,在干燥的硬路面上,由于接触面积减小,附着系数值有所下降,但在潮湿的路面上,有利于挤出接触面中的水分,改善附着能力。

为了提高轮胎的"抓地"能力,现在的轮胎胎面上常有纵向的曲折大沟槽,胎面边缘上有横向沟槽,使轮胎在纵向、横向均有较好的"抓地"能力,又提高了在潮湿地面上的排水能力。宽断面和子午线轮胎由于与地面的接触面积增大,附着系数值较高。

轮胎的磨损会使胎面花纹深度减小,附着系数值将显著下降。

降低轮胎气压,可使硬路面上附着系数值略有增加,所以采用低压胎可获得较好的附着性能。在松软的路面上,降低轮胎气压,则轮胎与土壤的接触面积增加,胎面凸起部分嵌入土壤的数目也增多,因而附着系数显著提高。如果同时增加车轮轮辋的宽度,则效果更好。对于潮湿的路面,适当提高轮胎气压,使轮胎与路面的接触面积减小,有助于挤出接触面间的水分,使轮胎得以与路面较坚实的部分接触,因而可提高附着系数。

（3）行车速度

汽车行驶速度提高时，多数情况下附着系数是降低的。这对于汽车的高速制动尤为不利。在硬路面上提高行驶速度时，由于路面微观凹凸构造来不及与胎面完善地嵌合，所以附着系数有所降低。在潮湿的路面上提高行驶速度时，由于接触面间的水分来不及排出，所以附着系数显著降低。在软土壤上，由于高速车轮的动力作用容易破坏土壤的结构，所以提高行驶速度对附着系数产生极不利的影响。只有在结冰的路面上，车速高时，与轮胎接触的冰层受压时间短，因而在接触面间不容易形成水膜，故附着系数略有提高。但要特别注意，在冰路上提高行驶速度会使行驶稳定性变坏。

（4）车轮相对于地面的滑转率

图 2-9 是驱动轮纵向附着系数与其滑转率的关系图。从图中可以看到，当驱动轮滑转率 S_x 从 0 开始增加时，纵向附着系数 φ_x 也随之增加，当 S_x 达到 S_T（一般是 $0.08 \sim 0.30$）时，纵向附着系数达到最大值 $\varphi_{x\max}$，此后，如果 S_x 继续增加，纵向附着系数 φ_x 反而随之下降，当 S_x 达到 1 时，即车轮发生纯滑转时，其纵向附着系数要远远小于 $\varphi_{x\max}$，所以从动力性上考虑，驱动轮的滑转率最好处于 S_T 附近的一个小区域内，但同时考虑到车辆侧向附着系数随纵向滑转率的增大面急剧减小，所以从侧向附着系数上考虑，并注意到车辆的方向稳定性，一般认为驱动轮的最佳滑转率在小于 S_T 的范围内，可取在 $0.08 \sim 0.15$ 之间。

汽车的附着力与地面对车轮的法向反作用力成正比。而驱动轮的地面反作用力与汽车的总体布置、行驶状况及道路坡度有关。图 2-10 为汽车加速上坡时的受力图。

图 2-9　纵向附着系数和侧向附着系数与
滑转率的关系

图 2-10　汽车加速上坡时的受力图
G-汽车重力；h_g-汽车质心高度；F_{z1}、F_{z2}-作用在前、后轮上的地面法向反作用力；F_{x1}、F_{x2}-作用在前、后轮上的地面切向反作用力；L-汽车轴距；a、b-汽车质心至前、后轴之间的距离

若将作用在汽车上诸力对前、后轮与道路接触中心取力矩（将质心与空气阻力中心近似看作重合），则得：

$$F_{z1} = \frac{Gb - (F_i + F_j + f_w)h_g}{L} \tag{2-26}$$

$$F_{z2} = \frac{Ga + (F_i + F_j + F_w)h_g}{L} \tag{2-27}$$

上两式分子中第一项分别为汽车在水平路面上静止时前、后轴上的静载荷；分子中的第二项为行驶中产生的动载荷。当汽车上坡或加速时，前轮载荷减小，而后轮载荷增加；汽车下坡或减速时，载荷变化与此相反。

由此可见,在一定附着系数的路面上,不同驱动方式的汽车具有不同的汽车附着力。后轮驱动的汽车在上坡和加速时,其驱动轮的法向反作用力大,驱动轮的附着力大,能得到的驱动力大,其加速能力和上坡能力好。

只有四轮驱动汽车才有可能充分利用整部汽车的重力来使汽车产生附着力。当四轮驱动汽车前、后驱动轮的附着力分配刚好等于其前、后轮法向反作用力的分配时,得到的附着力最大。

三、汽车的驱动力—行驶阻力平衡图与动力特性图

1. 汽车的驱动力—行驶阻力平衡图分析

为了清晰而形象地表明汽车行驶时的受力情况及其平衡关系,一般是将汽车行驶方程式用图解法来进行分析。即在汽车驱动力图上把汽车行驶中经常遇到的滚动阻力和空气阻力也算出并画上,作出汽车驱动力—行驶阻力平衡图,并以它来确定汽车的动力性。

图 2-11 为一具有五挡变速器汽车的驱动力—行驶阻力平衡图。图上既有各挡的驱动力,又有滚动阻力以及滚动阻力和空气阻力叠加后得到的行驶阻力曲线。

从汽车的驱动力—行驶阻力平衡图上可以清楚地看出不同车速时驱动力和行驶阻力之间的关系。汽车以最高挡行驶时的最高车速,可以直接在图上找到。显然,F_t 曲线与 $F_f + F_w$ 曲线的交点便是 v_{amax}。因为,此时驱动力和行驶阻力相等,汽车处于稳定的平衡状态。图中最高车速为 175km/h。

从图 2-11 中还可以看出,当车速低于最高车速时,驱动力大于行驶阻力。这样,汽车就可以利用剩余的驱动力加速或爬坡。当需要在 119km/h 等速行驶时,驾驶员可以关小节气门开度(图 2-11 中虚线),此时发动机只用

图 2-11　汽车驱动力—行驶阻力平衡图

部分负荷特性工作,相应地得到虚线所示驱动力曲线,以使汽车达到新的平衡。

汽车的加速能力可用它在水平良好路面上行驶时能产生的加速度来评价,其数值可由汽车在水平路面上的驱动力平衡方程式得到:

$$\frac{\mathrm{d}v}{\mathrm{d}t} = \frac{g}{\delta G}\left[F_t - (F_f + F_w)\right] \tag{2-28}$$

加速度的大小与汽车行驶的挡位和速度有关。低挡时,加速度较大;同一挡位速度较低时,加速度较大。但由于加速度的数值不易测量,实际中常用加速时间来表明汽车的加速能力。如用直接挡行驶时,由最低稳定速度加速到一定距离或 $80\% v_{amax}$ 所需的时间表明汽车的加速能力。

汽车的上坡能力用最大爬坡度表示。汽车最大爬坡度是指汽车满载、节气门全开、以最低挡良好路面上行驶,所能克服的最大道路坡度,记作 i_{max}。

当汽车以全部剩余驱动力克服最大坡度时,加速度为 0,此时的驱动力平衡方程为:

$$F_i = F_t - (F_f + F_w) \tag{2-29}$$

式中:F_i——$F_i = G\sin\alpha$;

$\quad\quad F_f$——$F_f = Gf\cos\alpha$。

因为 F_f 的数值本身较小,而且当 α 较小时,$\cos\alpha \approx 1$,故可认为:

$$G\sin\alpha = F_t - (F_f + F_w) \tag{2-30}$$

$F_t - (F_f + F_w)$ 的数值可由驱动力—行驶阻力平衡图上相应线段的长度按比例尺而得到,并按下式求出道路坡度角:

$$i = \tan\alpha$$

第一挡最大爬坡度由 $\alpha_{\text{imax}} = \arcsin\dfrac{F_{\text{timax}} - Gf}{G}$ 换算成 i_{max} 值。

应当指出,上述确定的汽车动力性指标,尚未考虑附着条件的限制。

2. 汽车的动力特性图分析

汽车技术文献中常采用动力特性图,即动力因数—车速关系曲线,如图 2-12 所示。

动力因数 D 是综合评定汽车动力性的参数,其值为:

$$D = \frac{F_t - F_w}{G} = f\cos\alpha + \sin\alpha + \frac{\delta}{g}\frac{\mathrm{d}v}{\mathrm{d}t} \tag{2-31}$$

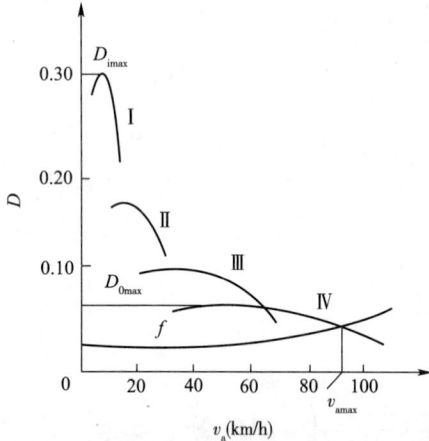

图 2-12 动力特性图

利用动力特性图可以比较不同车重和空气阻力的车辆的动力性能。

四、汽车的功率平衡

汽车在行驶中,不仅驱动力与行驶阻力互相平衡,在每一瞬时,发动机发出的功率 P_e 也始终等于机械传动损失功率与全部运动阻力所消耗的功率,这就是汽车的功率平衡。其功率平衡方程式为:

$$P_e = \frac{1}{\eta_T}(P_f + P_w + P_i + P_j) \tag{2-32}$$

式中:P_f——滚动阻力消耗功率,$P_f = \dfrac{Gf\cos\alpha v_a}{3600}$;

P_i——上坡阻力消耗功率,$P_i = \dfrac{G\sin\alpha v_a}{3600}$;

P_w——空气阻力消耗功率,$P_w = \dfrac{C_D A v_a^3}{76140}$;

P_j——加速阻力消耗功率,$P_j = \dfrac{\delta G v_a}{3600 g}\dfrac{\mathrm{d}v}{\mathrm{d}t}$;

G——汽车的重力;

f——汽车的滚动阻力系数;

α——道路坡道角;

v_a——汽车的行驶速度;

C_D——空气阻力系数;

A——汽车的迎风面积。

与驱动力—行驶阻力平衡图类似,功率平衡方程式也可以用图像来表示,称为功率平衡图。图 2-13 为某汽车的功率平衡图。

图 2-13 中，最高挡时发动机功率曲线与阻力功率$(P_i + P_w)/\eta_T$曲线交点的车速，便是在良好水平路面上行驶汽车的最高车速 v_{amax}。

当汽车在良好水平路面上以 $v_{a'}$ 的速度等速行驶时，汽车的阻力功率为线段 bc。此时，驾驶员控制节气门在某一开度，发动机功率如图中虚线所示，以维持汽车等速行驶。

但是汽车在最高挡以行驶速度为 $v_{a'}$ 时，发动机能产生的最大功率为线段 ac，线段 ab 可用来加速或爬坡。我们称

$$P_e - \frac{1}{\eta_T}(P_i + P_w)$$

为汽车的后备功率。

这就是说，在一般情况下维持汽车等速行驶所需发动机功率并不大，节气门开度较小。当需爬坡或加速时，驾驶员加大节气门开度，使汽车的全部或部分后备功率发挥作用。因此，汽车后备功率越大，其加速能力、爬坡能力越强，汽车的动力性越好。

利用功率平衡定性地分析设计与使用中有关动力性问题比较清晰简便，同时也能很清楚地看出行驶时发动机的负荷率的变化，所以对于以后汽车燃料经济性的分析也是比较方便的。

图 2-13　汽车的功率平衡图

五、影响汽车动力性的主要因素

从对汽车行驶方程式的分析可知，汽车的动力性与汽车结构参数和使用条件密切相关。下面就结构因素对汽车动力性的影响进行讨论。

1. 发动机参数的影响

发动机功率越大，汽车的动力性越好。设计中，发动机最大功率的选择必须保证汽车预期的最高车速。

最高车速越高，要求的发动机功率越大，其后备功率也越大，加速爬坡能力必然较好。但发动机功率不宜过大，否则在常用条件下，发动机负荷过低，会增加燃料消耗。

单位汽车质量所具有的发动机功率称为比功率或功率利用系数。

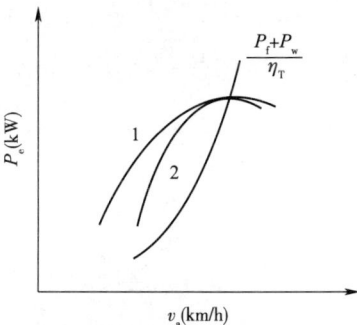

图 2-14　外特性曲线形状不同时的汽车动力平衡图

发动机外特性曲线形状对动力性也有较大的影响。图 2-14 为两台发动机的外特性曲线。但其最大功率与其相对应的转速相等。由图可见，外特性曲线 1 的后备功率较大，使汽车具有较大的加速能力和上坡能力，因而动力性能较好。同时，使汽车具有较低的临界车速，换挡次数可以减少，因而有利于提高汽车的平均行驶速度。

2. 传动系参数的影响

（1）传动系机械效率

传动系损失功率可表示为 $P_T = P_e(1 - \eta_T)$，可见，传动系机械效率越高，传动损失越小，发动机有效功率能更多地转变为驱动功率，汽车动力性好。目前，可在润滑油中加入减磨添加剂和选用黏度适当且受温度影响小的润滑油，这对提高传动效率有明显

效果。

（2）主减速器传动比

当变速器处于直接挡时，主减速器传动比将直接影响汽车的动力性。

图 2-15 表示其他条件相同而主减速器传动比不同的直接挡功率平衡图，只有当 $i_0 = i_{02}$ 时，汽车的最高车速 v_{amax} 等于发动机最大功率相对应的车速，即 $v_{amax} = v_p$ 最高，此时得到的 v_{amax} 最大。其他条件不变，无论主减速器传动比 i_0 增大还是减小，都会使汽车的最高车速降低。

（3）变速器的挡数

变速器挡数增加，发动机在接近最大功率工况下的工作的机会增加，发动机的平均功率利用率高，可得到的后备功率大。例如，在两挡变速器的一挡与直接挡之间增加两个挡位时，如图 2-16 所示，汽车的最高车速和最大爬坡度均不变。但在一定的速度范围内，可利用的后备功率增大了（图中影线表示区域），有利于汽车的加速和上坡。

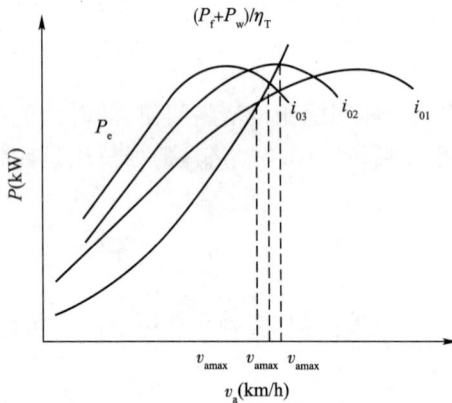

图 2-15　主减速器传动比不同时的功率平衡图　　　图 2-16　变速器的挡数对汽车动力性的影响

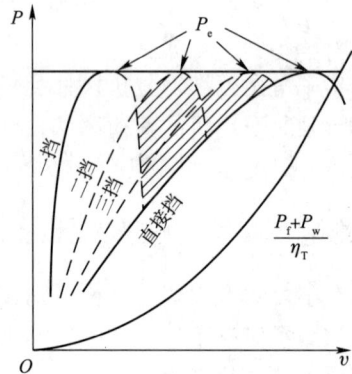

（4）变速器传动比

变速器一挡传动比对汽车动力性影响最大。传动比越大，汽车的最大爬坡度越大。但必须满足附着条件，当一挡发出最大驱动力时，驱动轮不应产生滑转。

变速器各挡的传动比应按等比级数分配，这样，汽车在换挡加速过程中功率利用程度最高，加速时间最短。

另外，减小空气阻力系数、减轻汽车的质量、选用滚动阻力系数小的轮胎，都将使汽车的行驶阻力减小，从而可以使汽车的动力性得到改善。

六、汽车动力性能的评价

1.汽车动力性的评价指标

汽车的平均行驶速度是汽车动力性的总指标。从尽可能获得高的平均行驶速度的观点出发，汽车的动力性主要由三方面的指标来评定，即最高车速、加速性能和上坡能力。

（1）汽车的最高车速

最高车速是指汽车以额定最大总质量，在风速≤3m/s 的条件下，在干燥、清洁、平直良好路面（混凝土或沥青）上所能达到的最高稳定行驶速度 v_{amax}，它对长途运输车辆的平均行驶速度的影响最大。

（2）汽车的加速性能

汽车的加速性能是指汽车在各种使用条件下迅速增加行驶速度的能力。它对市区运输车辆的平均行驶速度有很大影响，特别是轿车对于加速能力尤其重视。加速性能在理论上用加速度 j 来评定，而在实际试验中通常用汽车加速时间来评价。

加速时间是指汽车以额定最大总质量，在风速 $\leq 3\mathrm{m/s}$ 的条件下，在干燥、清洁、平直良好路面（混凝土或沥青）上由某一低速加速到某一高速所需的时间。常用原地起步加速时间和超车所需加速时间来表明汽车的加速能力。

原地起步加速时间指汽车由一挡或二挡起步，并以最大的加速强度（包括选择恰当的换挡时间）逐步换至最高挡后到某一预定的距离或车速所需的时间。图 2-17 是某些轿车的原地起步加速时间曲线。

超车加速时间指用最高挡或次高挡由某一低速全力加速到某一高速所需的时间。因为，超车时汽车与被超车辆并行，容易发生安全事故，所以超车加速能力强，并行距离短，行驶就安全。

（3）汽车的上坡能力

汽车的上坡能力对于在山区行驶车辆的平均行驶速度有很大的影响，通常用最大爬坡度来表示。最大爬坡度 $i_{\max}$ 是指汽车满载时用变速器最低挡位在风速 $\leq 3\mathrm{m/s}$ 的条件下，在干燥、清洁良好路面（混凝土或沥青）上以等速行驶所能克服的最大道路纵向坡度。在坡度不长的道路上，利用汽车加速惯性能通过的坡度称为极限坡度。在各种车辆中，越野车的最大爬坡度 $i_{\max}$ 最大，货车次之，轿车一般不强调爬坡度。

图 2-17 轿车的原地起步加速时间曲线

2.汽车动力性检测的相关标准

汽车动力性检测项目主要有：汽车加速性能检测、汽车最高车速检测、汽车滑行性能检测、发动机输出功率检测、汽车底盘输出功率检测。

发动机的动力性指标是指额定功率和转矩，这些指标的确切数值只能在发动机台架试验中才能得到，在发动机不离车的情况下只能用其他的方法对动力性进行间接判断。发动机的有效功率是曲轴对外输出的功率，是一个综合性评价指标。

根据国家标准《机动车运行安全技术条件》（GB 7258—2012）和《汽车修理质量检查评定标准 发动机大修》（GB/T 15746.2—1995）附录 B 的规定：在用车发动机功率不得低于原标定功率的 75%，大修后发动机最大功率不得低于原设计标定值的 90%。表 2-3 所列为部分汽车发动机的动力性指标（不带风扇、空气压缩机、空气滤清器、排气消声器等附件时的功率）。

部分汽车发动机的动力性指标　　　　表 2-3

汽车型号	系列	排量（L）	发动机型号	最大功率（kW）	最大功率对应转速（r/min）
Santana	Lx	1.8	JV	66	5200
Santana2000	GSI	1.781	AJR	74	5200
Buick	GLX	2.986	6L46	126	5200
Audi	100	1.8	JW	66	4800
红旗	CA7200	2.21	CA488	65	4800

任务二　发动机点火波形的检测与分析

一、发动机综合性能检测的基本内容及特点

发动机是汽车的动力源,是汽车的心脏,汽车的一些基本技术性能都直接或间接地与发动机的相关性能相联系。所以对发动机进行综合性能检测对于了解整车性能起到至关重要的作用。

发动机技术状况变化的主要外观症状有:功率下降,燃料与润滑油消耗量增加,起动困难,漏液、漏油、漏气、漏电以及运转中有异常响声等。

发动机综合性能检测与发动机台架试验不同,后者是发动机拆离汽车,以测功机吸收发动机的输出功率,对诸如功率和转矩以及油耗和排放等最终性能指标进行定量测定;而发动机综合性能检测装置,主要是在检测线上或汽车调试站内就车对发动机各系统的工作状态,如发动机功率、点火、喷油、电控系统和传感元件以及进、排气系统和机械工作状态等的静态和动态参数进行分析,为发动机技术状况判断和故障诊断提供科学依据。有专家系统的发动机综合分析仪还具有故障自动判断功能,有排气分析选件的综合分析仪还能测定汽车排放指标。发动机综合性能检测仪由于综合性强、测试项目多、由微机控制,因此不仅对数据而且对波形均能实现显示、分析、判断、存储、重现和打印,操作使用也越来越容易,因而得到了广泛的应用。

概括来说,发动机综合分析仪的基本功能有:

(1)无外载测功功能,即加速测功法。

(2)检测点火系统。初级与次级点火波形的采集与处理,平列波、并列波与重叠波和重叠角的处理与显示,断电器闭合角和开启角,点火提前角的测定等。

(3)机械和电控喷油过程各参数(压力、波形、喷油、脉宽、喷油提前角等)的测定。

(4)进气歧管真空度波形测定与分析。

(5)各缸工作均匀性测定。

(6)起动过程参数(电压、电流、转速)测定。

(7)各缸压缩压力判断。

(8)电控供油系统各传感器的参数测定。

(9)万用表功能。

(10)排气分析功能。

可见,发动机综合分析仪是所有汽车检测设备中功能最多、检测项目和涉及系统最广的装置,因而它的结构也较复杂,技术含量也较高。事实上,随着电子技术在汽车领域的飞速发展,原始的 EFI 控制功能已延伸到汽车底盘和传动系的电子系统,成为控制面更广的电子管理系统 EMS。现代研制的发动机综合分析仪的功能早已超出了发动机的范畴,增加了诸如 ABS、ASR 等底盘系统测试功能。因此,发动机综合分析仪的管理和操作人员在使用、维护设备方面应倍加注意。

区别于解码器和一般发动机单项性能的检测仪,发动机综合性能检测仪具有以下特点:

(1)动态的测试功能

它的传感系统和信号采集与记忆存储系统能迅速准确地捕获发动机各瞬变参数的时间

函数曲线,这些动态参数才是对发动机进行有效判断的科学依据。

（2）通用性

测试过程不依据被检车辆的数据卡(即测试软件),只针对基本结构和各系统的形式和工作原理进行测试,因此它的检测结果具有良好的普遍性,其检测方法同样也具有最广泛的通用性。

（3）主动性

发动机综合检测仪不仅能适时采集发动机的动态参数,而且还能主动发出指令,干预发动机工作,以完成某些特定的试验程序,如断缸试验等。

二、发动机综合性能检测装置的基本组成

目前,各主要工业国家的有关厂家开发的发动机综合性能检测装置千差万别、形式各异。但就一台配置齐全、性能良好的检测仪而言,概括起来不外乎由信号提取系统、信息处理系统、采控显示系统三大部分组成。图 2-18 是发动机综合性能分析仪一般结构形式的外形图。

1.信号提取系统

信号提取系统的任务在于提取汽车被测点的参数值,鉴于被测点的机械结构和参数性质不同,信号提取装置必须具有多种形式,以适应不同的测试部位。图 2-19 所示为大多数发动机综合性能分析仪的信号提取系统,图中显示这一系统由一些不同形状的接插头或探头

图 2-18　发动机分析仪外形图

1-前端处理器;2-高速采集计算与显示;3-打印机柜;4-排放检测仪柜;5-信号提取系统

图 2-19　信号提取系统

1、4-蓄电池夹(红色为正极,黑色为负极);2、3-点火线圈初级接线夹;5-上止点传感器;6、7-电感式或电容式夹持器;8-频闪灯;9-探针;10-鳄鱼夹;11-电流互感钳;12-压力传感器;13-温度传感器

组成,以它们接触的形式不同可以分为四类。蓄电池夹 1 和 4 分别接蓄电池的正负极,点火线圈初级接线夹 2 和 3 接点火线圈初级的正负极,探针 9 为万用表功能或测试各传感器时的接头,它可以再转接各类结构的探针以适应不同的测试点,如图 2-20 所示。鳄鱼夹 10 的两个鳄鱼夹由一个分流器引出,用以测定发电机电流,以上各接头属于直接接触的一类。

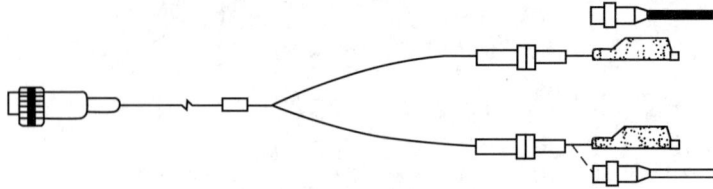

图 2-20　探针的转接头

第二类则是非接触式。电感式或电容式夹持器 6 和 7 分别钳于一缸点火线上和点火线圈高压线上,以获得点火信号;电流互感钳 11 实际上是一个电流互感器,夹持在蓄电池线上,可感应出起动电流,因为高电压和强电流直接接触测量极为困难。以上都是对电量参数的提取,对于非电量参数,就必须先经过某一类型的传感器将非电量转变成电量,这就是第三类,如上止点传感器 5 电磁式 TDC 传感器提供上止点信号,频闪灯 8 可寻找点火提前角,压力传感器 12 可将进气管或喉管真空度转变成电量,而温度传感器 13 为一热敏电阻,可将机油温度和冷却液温度等参数转换为电压值。对于电控燃油喷射(EFI)发动机,因计算机计算喷油脉冲宽度和自动控制过程的需要,各非电量已被植入各系统的传感器而直接转换成电量,它们的提取可用探针 9 通过不同的转接头来完成,但为了不中断计算机的控制功能,必须通过 T 形接头来提取信号,如图 2-21 所示。

接传感器　←　　　　　　　→　接发动机控制计算机

→ 接前端处理器

图 2-21　信号的 T 形接头

2. 信号预处理系统

信号预处理系统也称前端处理器,俗称"黑盒子",它是电控燃油喷射系统检测的关键部件,其作用相当于多路测试系统中的多功能二次仪表的集合,工作框图如图 2-22 所示。它可将发动机的所有传感信号(图示为 20 个),经衰减、滤波、放大、整形,并将所有脉冲和数字信号直接输入 CPU 的高速输入端(HSI),也可经 F-V 转换后变为 0~5V 或 0~10V 的直流模拟信号,送入高速瞬变信号采集卡。

发动机上装配的传感器是发动机控制和判断发动机故障的关键部件,但其输出的电信号千差万别,不能被车载计算机或发动机分析仪的中央控制器直接使用,必须经过预处理,转换成标准的数字信号后送入计算机。

从电子学角度,车载传感器的输出信号分模拟信号和频率信号两种,对此应采取不同的处理方法。

图 2-22　前端处理器框图

对于模拟信号,如温度传感器、压力传感器、节气门位置传感器等,其幅值为 0～5V,频率变化也比较缓慢,主要的处理手段是对其进行低通滤波和信号隔离。经低通滤波后的纯净低频信号再经过隔离装置送入 A/D(模拟量/数字量)转换器,以消除模拟电路和数字电路的共同干扰。对低频模拟信号的隔离多采用隔离放大器,即变压器隔离方式;也有先将模拟信号进行 V-F 转换,然后由光电隔离器再进行 F-V 转换的,但后一种方法多用于需要远距离传输信号的场合。模拟信号中有一些幅值较小,如氧传感器为 0～1V,废气分析仪的电气接口输出信号多为 0～50mV,这些信号若直接送入 A/D 转换器,由于不能充分利用 A/D 转换器的精度,转换精度很低,故需对其做放大处理。由于信号幅值的差异,故采用程控放大器,对于不同的传感器输出信号,由软件控制分配,以不同的放大倍数使输出信号幅值达到 A/D 转换器的全量程范围,以提高 A/D 转换器的精度。当然,这些信号经程控放大器放大以后,仍需经过低通滤波和信号隔离才能进行 A/D 转换,模拟信号中也有一些大幅值信号,如起动电压,对此需经过衰减以后再由低通滤波和隔离后方能进行 A/D 转换。模拟信号中也有一些信号,如初次级点火信号、爆震信号、喷油脉冲、起动电流等,或具有较高的频率,或具有较高的电压、电流幅值。对这些信号需特殊处理,如初次级点火信号,由于线圈的自感和互感作用,其电压幅值可达 300V 或 30kV,甚至更高,故需利用电压衰减器进行衰减后再进行后继处理,由于其频率很高(可达 1MHz 以上),故需使用高速 A/D 转换器,才能保证转换后的信号不失真(即经数学处理后,准确复原信号)。对于起动电流,其峰值可达 200A 以上,无法直接测量,需利用电流互感器转换成 0～5V 的电压信号再进行测量,车用爆震传感器和柴油机喷油压力传感器多用压电晶体作为敏感元件,其输出信号为电荷量,故需采用电荷放大器作为前级放大,且要从频率非常丰富的振动信号中准确提取有效信号,因而必须对其进行带通滤波。喷油脉冲在喷油器的电磁线圈断电瞬间也会由于自感作用而产生40V左右的振荡，对此可利用电阻分压器分压后再进行处理。

对于频率信号，如发动机的转速、判缸信号、车速信号等，由于多选用电磁式、霍尔效应式和光电式传感器，其输出信号本身即为数字脉冲。但由于传输过程中的衰减、交变电磁波辐射等原因，也易形成一定程度的失真，故需对其进行整形，这多用电压比较器或施密特触发器进行实现。整形后输出的标准数字脉冲，再经高速光电隔离器送入后继电路，以消除其干扰，提高系统的工作可靠性。

为了实现传感器的准确测量，并且不影响发动机的正常运转，进行信号提取时必须保证电路有足够的输入阻抗，而且为了保证预处理系统主板的安全，对各路输出信号均采取了限幅措施。

3. 采控与显示系统

台式和柜式发动机综合性能分析仪多采用14in彩色CRT显示器，手提便携式则用小型液晶显示器，现代分析仪都能醒目地显示操作菜单，实时显示当前动态参数和波形，十字光标可显示曲线任意一点的数值，同时也可显示极限参数的数值，并配以色棒显示以示醒目，使用者可任意设定显示范围和图形比例。

三、发动机点火波形分析

测量发动机点火波形能有效分析发动机的工作情况并对分析其动力性具有重要意义。

1. 点火波形测试

发动机工作时，其次级电压的波形即为直列波，如图2-23所示。

图2-23 单缸直列波

（1）直列波

EA 段：为断电器触电闭合、初级电流增长的阶段。E 点为触电闭合的瞬间，因触电闭合时初级电流的突然增加，在次级绕组中会出现一个小而向下的振荡波形（第二次振荡），随着初级电流变化率的减小，次级电压即成为一条水平线。

AB 段：为触点断开、次级电压上升的阶段。A 点为触点断开的瞬间，AB 垂线表示点火线圈所产生的击穿电压。

BC 段：为电容放电阶段的电压。

CD 段：为电感放电阶段的电压。在电感放电的同时，伴随有高频振荡波的发射。

DE 段：为火花消失后剩余能量所维持的低频振荡波（第一次振荡）。

如果示波器显示的波形与标准波形不同，则说明点火系统中出现了故障，常见波形如图2-24所示。图中注释如下所示。

① 第一次振荡波少，说明初级电路中的电阻过大。

② 第一次振荡波多，说明初级电路的电容量过大或点火系统次级电路阻抗大。

③ 第二次振荡波前出现小的多余波形，说明初级电路在接通瞬间，导通状况不够好，故出现小的多余波形。

④ 第二次振荡波呈上下振荡形式，说明初级电路在接通瞬间有时断时通的情况，从而引起电压波动。

⑤第二次振荡波小而少,说明点火线圈的阻抗过大,将这部分振荡波吸收。

⑥初级电路在切断之前有小的多余波形,说明初级电路中有接触不良的部位,在初级电路切断之前,出现瞬间的接触不良,引起电压波动,出现多余波形。

⑦初级电路导通阶段出现多余波形,说明初级电路中有接触不良的部位,在初级电路导通的时间内,由于接触不良而引起电压波动,从而出现多余波形。

⑧无点火线,说明高压线接触不良。

⑨波形上下颠倒,说明点火线圈的初级绕组的两个接线柱的导线接反。

⑩火花电压过低而且第一次振荡波基本消失,说明火花塞短路或漏电。

⑪点火线变长,说明火花塞间隙过大。

⑫点火线与第一次振荡波界限分不清,说明火花塞的间隙无法被击穿。

⑬点火线变短,说明初级电流小,点火能量小。

⑭闭合时间短,说明初级电路的闭合角小。

(2)重叠波

重叠波是将多缸发动机次级电压的波形重叠在一起,利用重叠波可以检查初级电路的闭合角以及各缸工作的均匀情况等。

检查时,在上述单缸直列波的基础上调出各缸的直列波,并使发动机的转速保持在1000r/min左右,按下示波器的重叠按键,调整各旋钮,使波形位于坐标刻度内,如图2-25所示。

图2-24 单缸直列波常见故障波形

图2-25 重叠波

重叠波常见的故障波形,如图3-26所示。

图2-26 重叠波的故障波形

a)闭合波太短,说明断电器触点间隙过大或闭合角过小;b)闭合波太长,说明断电器触点间隙过小或闭合角过大;

c)闭合段的变化大于5%,说明断电器凸轮不均匀或分电器轴与铜套磨损过大等

（3）高压波

多缸发动机各缸的次级点火电压同时显示于屏幕,即为高压波,一般用于诊断次级电路故障。检查时,先将各缸直列波调出,发动机转速保持在 1500r/min,将各缸波形调整到屏幕的坐标刻度上,高压波形底端与横坐标重合,如图 2-27 所示。

常见高压故障波形,如图 2-28 所示。

2.点火次级波形分析

（1）分电器点火次级阵列波形

通过测试点火次级阵列波形,可以有效地检查车辆发动机的运行性能。

该波形主要是用来检查短路或开路的火花塞高压线以及由于积炭而引起的点火不良的火花塞。

图 2-27　标准高压波

由于点火次级波形明显地受到各种不同发动机、燃油系统和点火条件的影响,所以它能够有效地检测出发动机机械部件和燃油系统部件以及点火系统部件的故障。一个波形的不同部分还分别能够指明在发动机所有汽缸中的哪个部件或哪个系统存在故障。

图 2-28　常见高压故障波

a)各缸点火电压均过高,可能由于火花塞间隙过大或烧蚀、混合气过稀引起;b)个别汽缸点火电压过高,如图中的三、四缸,说明这两个汽缸的火花塞可能烧蚀;c)全部汽缸点火电压过低,原因可能是电源电压过低,火花塞间隙过小,混合气过浓等;d)个别汽缸点火电压过低,如图中的三缸,可能为该缸的火花塞间隙过小或绝缘体损坏;e)拔下某缸的高压线,电压高过 20kV,属正常情况;反之,若某缸电压超过 20kV,说明该缸高压线脱落;f)拔下某缸的高压线,电压低于 20kV,说明点火线圈性能不好或分电器和高压线有漏电故障;g)将发动机的转速提高到 2500r/min,各缸点火电压一直减小,并保持 5kV 以上,说明点火系统能在高速正常工作;h)发动机转速升高后,个别汽缸的电压高于其他汽缸,说明该缸火花塞间隙大;i)发动机转速升高后,个别汽缸的电压低于其他汽缸,说明该缸火花塞的间隙过小、脏污或绝缘体绝缘不良。

分电器点火次级阵列波形如图 2-29 所示,第一缸的点火峰值显示在最左边,其余的点火波形显示按照发动机点火顺序依次从左到右排列。

（2）分电器点火次级单缸波形（图2-30）

点火次级单缸波形测试主要用来：

①分析单个汽缸的点火闭合角（点火线圈充电时间）。

②分析点火线圈和次级高压电路性能（从点火线至点火电压线）。

③查出单缸不适当的混合气空燃比（从燃烧线）。

④分析电容性能（断电触点或点火系统）。

⑤查出造成汽缸失火的火花塞（从燃烧线）。

分电器点火次级波形(没调整)

转速=655r/min

没调整基本点火时间时点火次级波形显示

1×10^4V

0V

一缸

CH1
5V/div

图2-29　分电器点火次级阵列波形
CH1-通道1；5V/div-垂直灵敏度5V/div

FIRE=9.20kV
BURN=742V
DUR=2.39ms
OF CYL1

点火或燃烧电压

2×10^3V

0V

点火电压

燃烧过程

次级点火信号波形可以使你观察每个汽缸持续燃烧时间的变化以及电压和闭合角

点火线圈开始充电

图2-30　分电器点火次级单缸波形
FIRE-击穿电压；BURN-燃烧电压；DUR-闭合时间；OF CYL1-一缸

（3）电子点火（EI）次级单缸波形

点火次级单杠波形如图2-31所示，其测试主要用来：

①分析单个汽缸的点火闭合角（点火线圈充电时间）。

②分析点火线圈和次级高压电路性能（从点火线至点火电压线）。

③查出单缸不适当的混合气空燃比（从燃烧线）。

④分析电容性能（断电触点或点火系统）。

⑤查出造成汽缸失火的原因（污浊或破裂的火花塞，从燃烧线）。

3．点火初级波形分析

（1）分电器初级点火单缸波形

点火初级单缸波形测试一直是行驶性能检查的有效手段，由于点火次级燃烧的过程可以通过初级和次级点火线圈的互感返回到初级电路，所以点火初级波形是非常有用的。

分电器初级单缸波形如图2-32所示，该波形提供了完整的初级点火波形，可观察汽缸燃烧时间、点火线圈的状况及点火闭合角。

FIRE=8.53kV
BURN=1.30kV
DUR=1.36ms
RPM=780r/min

点火或燃烧电压

单缸次级点火显示可以使你一缸一缸地观察其不同点，进而帮你确定混合气的空燃比，发动机机械部分或次级点火的故障

3×10^3V

点火电压

0V

燃烧过程

CH1
1kV/div DC
2ms/div

点火线圈开始充电

图2-31　电子点火（EI）次级单缸波形与分析
FIRE-击穿电压；BURN-燃烧电压；DUR-闭合时间；
RPM-转速；CH1-通道1；1kV/div DC-垂直灵敏度
1kV/div 直流；2ms/div-扫描速度2ms

(2)电子点火初级单缸波形

电子点火初级波形如图 2-33 所示,通过初级点火波形可观察到在汽缸点火时点火线圈产生的峰值电压等。

图 2-32　分电器初级点火单缸波形

Max-最大电压;DUR-闭合时间;DWELL-闭合角度;
CH1-通道 1;20V/div DC-垂直灵敏度 20V/div　直流;2ms/div-扫描速度 2ms

图 2-33　电子点火初级单缸波形

Max-最大电压;DWELL-闭合角度;DUR-闭合时间;
CH1-通道 1;20V/div DC-垂直灵敏度 20V/div　直流;2ms/div-扫描速度 2ms

任务三　汽车底盘输出功率的检测

一、底盘测功机的结构原理

底盘测功机检测属于台架检测,其与实车道路试验相比,有以下优点:不受外界试验条件与环境条件的影响;试验周期短;节省财力及人力;精度高等。

图 2-34　双滚筒底盘测功机

在底盘测功机上检测汽车动力性时,驱动车轮放置在滚筒表面驱动滚筒旋转。测功机以滚筒表面模拟路面;加载装置通过给滚筒加载,模拟各种阻力;测量装置可以测出驱动车轮上的输出功率或驱动力。汽车检测站和维修企业使用的双滚筒底盘测功机,如图 2-34 所示。

底盘测功机主要由滚筒装置、加载装置、飞轮装置、测量装置、控制与指示装置和辅助装置等部分组成,各部分支撑在型钢焊接成的框架上。图 2-35 为某型底盘测功机机械部分结构示意图。

1. 滚筒及飞轮装置

底盘测功机的滚筒相当于一个连续移动的路面,被测汽车的车轮放置在两滚筒之间驱动滚筒旋转。在进行汽车加速性能、滑行性能检测时,为了模拟汽车行驶的惯性,在滚筒的一端安装有飞轮组。检测时根据汽车质量的不同,挂接不同大小的飞轮。飞轮与滚筒的挂接由电磁操纵离合器或气压传动离合器控制。

2. 加载装置

底盘测功机的加载装置用于吸收和测量驱动车轮上的功率和驱动力。加载装置是测功器，有水力式、电力式、电涡流式等。电涡流式测功器使用较多。

图 2-35　底盘测功机机械部分结构示意图

1-框架；2-测力杠杆；3-压力传感器；4-副滚筒；5-轴承座；6-速度传感器；7-举升装置；8-传动带轮；9-飞轮；10-冷却液入口；11-电涡轮测功机；12-齿轮箱；13-主滚筒；14-联轴器；15-电鼓；16-电刷

电涡流测功器主要由定子和转子两部分组成。在定子四周装有励磁线圈，转子与测功机主动滚筒相连，在定子中间转动。当励磁线圈通以直流电时，在线圈周围的定子、转子之间产生磁场。转子的外圆周上加工或镶有齿环，其齿顶与定子励磁线圈之间有很小的空气间隙。主动滚筒带动转子在磁场中转动时，转子边缘的齿环上会产生涡电流，该涡电流存在于定子磁场中，使转子产生一个与其转动方向相反的转矩。由于转子与滚筒相连，相当于给滚筒施加了一个转动阻力，这样就模拟了汽车在道路上行驶的阻力。调节定子励磁电流的大小，可改变磁场强度，因而可以方便地调节测功器的制动力矩。

3. 测量装置

驱动车轮的输出功率是根据测出的转速和转矩或车速和驱动力计算得出的。测量装置包括测力装置、测速及测距装置。

4. 控制与指示装置

控制与指示装置以微机为核心，对各传感器输送过来的电信号进行运算、处理，指示出检测结果。同时，根据试验要求，对加载负荷、试验车速等进行控制调节。

5. 辅助装置

辅助装置包括举升装置、冷风装置和纵向约束装置等。举升装置是为方便汽车驶入、驶出，而在两滚筒之间设立的举升器和托板，举升器主要有气压式（汽缸式或气囊式）、液压式（液压油缸）和机械式（机械千斤顶）等；冷风装置是可移动的风扇或冷风机，由于汽车在底盘测功机上试验时没有迎风面，采用冷风装置可以加强发动机及驱动车轮轮胎的散热；纵向约束装置是在汽车前后设置的钢索或三角木，防止试验时驱动车轮驶出测功机。

二、汽车底盘输出功率的检测方法

（1）在动力性检测之前，必须按汽车底盘测功机说明书的规定进行试验前的准备。台架举升器应处于举升状态。无举升器时，滚筒必须锁定。车轮轮胎表面不得夹有小石子或坚硬之物。

（2）汽车底盘测功机控制系统、道路模拟系统、引导系统、安全保障系统等必须工作正常。

（3）在动力性检测过程中,控制方式处于恒速控制,起动汽车,逐步加速并换至直接挡,当车速达到设定车速(误差±0.5km/h)并稳定15s后(时间过短,检测结果重复性较差),计算机方可读取车速与驱动力数值,并计算汽车底盘输出功率。

（4）输出检测结果并记录环境状态。

三、检测结果分析

当被测车辆的检测结果低于标准值时,说明驱动轮输出功率不足。其原因主要有两个方面:一是发动机技术状况不良,本身输出功率低;二是传动系的功率损失大。发动机的功率可用无负载测功方法来检查,传动系的功率损失可能在离合器、变速器(分动器)、中央制动器、万向传动机构、主减速器、差速器和轮毂等处。如果是滑行距离不足,说明底盘技术状况不良。

汽车使用中,机械效率随着传动系技术状况的变化而变化。新车的机械效率并不是最高,只有传动系完全走合后,各部调整最佳时,才使机械效率达到最大值,滑行距离最长。随着汽车的继续使用,磨损逐渐扩大、润滑条件变差,配合情况逐渐恶化,摩擦损失也逐渐增加,因而机械效率也就逐渐降低。所以,底盘测功为评价底盘总的技术状况提供重要的参考数据。

思考题二

1. 汽车动力性的评价指标是什么?

2. 汽车行驶时有哪些行驶阻力?

3. 试说明轮胎滚动阻力的定义、产生机理和作用形式。

4. 滚动阻力系数与哪些因素有关?

5. 空气阻力由哪几部分组成?降低空气阻力系数的结构措施有哪些?

6. 什么是汽车的附着力?影响附着系数的因素是什么?

7. 试分析影响汽车动力性的因素。

8. 汽车的驱动与附着条件是什么?写出其表达式。

9. 什么是传动系的机械效率?它与哪些因素有关?

10. 根据汽车的驱动力—行驶阻力图分析汽车的动力性。

11. 根据汽车的动力特性图分析汽车的动力性。

12. 超车时该不该换入低一挡的挡位?

13. 空车、满载时,汽车动力性有无变化?为什么?

14. 试述动力性道路试验的方法。

15. 汽车底盘测功机有哪几种类型?简述其基本组成。

16. 汽车发动机功率、转矩和转速的关系是什么?

学习情景三 汽车燃油经济性及检测

随着世界石油储量的快速下降,其价格随之不断提升,用车者不得不考虑使用车辆过程中的燃油消费,也就是汽车燃油经济性的问题。

任务一 汽车燃油经济性的评价及燃料消耗量限值

一、汽车燃油经济性评价指标

评价汽车燃油经济性的指标很多,不同的国家所采用的评价参数是不同的,大致有以下几种。

1. 比油耗 g_e(燃料消耗率)

比油耗表示发动机的单位有效功率在单位时间内所消耗的燃料量。在国际单位制中,它的单位为 g/(kW·h)(克/千瓦时)。

2. 每小时耗油量 G_t

每小时耗油量表示发动机每小时所消耗的燃料质量,常用的单位为 kg/h(千克/小时)。

3. 每公里耗油量 G_m

每公里耗油量表示汽车每行驶 1km 所消耗的燃油数量(常以体积计算),常用单位是 L/km(升/公里)。

4. 每升燃油行驶里程

每升燃油行驶里程表示汽车消耗 1L 燃油可行驶的里程数。常用单位是 km/L(公里/升)。

5. 百公里油耗量 Q

百公里油耗量表示汽车每行驶 100 公里所消耗的平均燃油量(以体积计算),常用单位为 L/100km(升/百公里)。

6. 百吨公里油耗量 Q

百吨公里油耗量表示汽车运行过程中,每完成 100 吨公里运输量所消耗的燃油量(以体积计算),常用单位为 L/100t·km(升/百吨公里)。

在我国及欧洲,燃油经济性指标的单位为 L/100km,其数值越大,汽车的燃油经济性就越差。美国为 MPG(Miles Per Gallon),指每加仑燃油能行驶的英里数,其数值越大,汽车的燃油经济性就越好。

等速行驶百公里的燃油消耗量是常用的一种评价指标,指汽车在一定载荷下。以最高挡在水平良好路面上等速行驶 100km 的燃油消耗量。但是,等速行驶工况并不能全面反映汽车的实际运行情况,特别是在市区行驶中频繁出现的加速、减速、急速停车等行驶工况。因此,在对实际行驶车辆进行跟踪测试统计的基础上,各国都制定了一些典型的循环行驶试验工况来模拟汽车实际运行工况。以其百公里的燃油消耗量(或 MPG)来评定相应工况的燃油经济性。

二、影响汽车燃油经济性的因素

汽车的燃油经济性主要取决于发动机的有效燃油消耗率和汽车行驶阻力及传动系效率。一切有利于发动机的有效燃料消耗率降低、汽车行驶阻力降低及传动系效率提高的措施都可以使汽车的燃料经济性提高。

1. 发动机

发动机对汽车油耗的影响主要有以下几个方面:

(1)发动机结构

发动机的油耗对汽车的油耗有决定性的影响,而发动机的油耗取决于发动机的结构。优化发动机结构,如提高压缩比,采用直喷式发动机和稀薄混合气的分层燃烧方式;广泛采用电控燃油喷射技术、强制怠速断油装置、闭缸技术,都可以提高发动机的燃油经济性。

(2)发动机的种类

由于柴油机压缩比比汽油机要高得多,因此柴油机比汽油机的油耗要低得多。试验和实用都证明,一般装备柴油发动机的轿车比装备汽油发动机的轿车节油 18% 左右,柴油发动机载货汽车比汽油发动机载货汽车节油 30% 左右。目前,世界各国正在积极推行轻型货车和轿车的柴油化进程,在总质量为 2～5t 的载货汽车中,德国有 95% 左右已用柴油机,日本约有 90% 采用柴油机。

(3)发动机的负荷率

发动机负荷率通常是指发动机阻力矩的大小;发动机克服阻力矩必须消耗燃油。增加负荷率就意味着增加发动机每工作循环的供油量。汽油机通过节气门位置来控制,柴油机通过喷油泵每一循环供油量来控制。因此,汽油机节气门全开或在柴油机标定功率位置柴油机喷油泵供油时称为发动机的全负荷;汽油机节气门不是全开或柴油机喷油泵供油位置小于标定功率位置时称为部分负荷。反映到汽车上,当加速踏板踩到底时,发动机为全负荷;加速踏板部分踩下时,发动机为部分负荷。发动机的比油耗随发动机负荷的变化而变化,在负荷率为 80%～90% 时比油耗最低,低负荷和全负荷时比油耗都将增加。目前,汽车在平路上以常用速度行驶时,发动机的负荷率为 20% 左右,发动机在比油耗较高的范围内工作。因此,为了节约燃油,在行驶条件许可的情况下,不必追求汽车装备大功率的发动机以增加负荷率。

2. 整车结构

整车结构对汽车油耗的影响主要有以下几个方面:

(1)传动系

汽车传动系效率越高,传递动力过程中能量损失越小,汽车的油耗就越低。目前,机械齿轮变速器要比液力自动变速器的传动效率高,因此自动变速器的汽车虽然驾驶方便,但汽车油耗要高。这就是机械齿轮变速器没有被自动变速器完全取代的主要原因。对于机械齿轮变速器,其挡位设置增多,能增加发动机处于经济工况下工作的机会,有利于提高汽车的燃油经济性。对于无级变速器,因为无级变速器在任何工作条件下都提供了使发动机处于最经济工况下工作的可能性,所以无级变速器能始终维持较高的机械效率。使汽车的燃料经济性显著提高。一般来说,汽车用高挡位行驶比用低挡位行驶省油。

（2）汽车总质量

汽车总质量影响到汽车的滚动阻力、坡道阻力和加速阻力,对汽车的燃油经济性影响很大。根据美国1978年进行的统计表明,整备质量为1360kg的汽车。当汽车总质量减少10%时,油耗降低8.8%。因此,采用轻质材料,减轻汽车自重,是提高汽车燃料经济性的一个方向。

减轻汽车整备质量的主要途径有:进行计算机优化设计,充分利用材料的强度和刚度;采用高强度低合金钢、铝合金、塑料、陶瓷和各种纤维强化材料来制造某些零部件;改进汽车结构,简化汽车传动系,如采用FF布置(发动机前置前轮驱动)、不用装备胎的高可靠性轮胎、单片弹簧悬架、承载式车身及空冷发动机等;减小车身尺寸,在用车不随意增加附加载荷等。

（3）汽车的外形

为克服空气阻力而消耗的发动机功率与汽车行驶速度的3次方成正比。汽车速度不高时,空气阻力对汽车的燃料消耗影响不大,但当车速超过50km/h时,空气阻力对汽车燃料经济性的影响逐步加大。减少空气阻力主要是通过减少汽车的空气阻力系数来实现的。汽车制造厂通过整车的风洞试验研究使汽车外形接近最优化。作为汽车使用者,采用不在车顶安装行李架、货车装载品用篷布盖好、高速行驶时不打开车窗等措施,都能降低空气阻力系数。

（4）轮胎

轮胎结构对滚动阻力影响很大,改善轮胎的结构,可以减少汽车的油耗。目前,降低滚动阻力的最好办法是使用子午线轮胎。子午线轮胎与普通斜交轮胎相比,滚动阻力一般要下降20%~30%。另外,轮胎的花纹及气压对汽车的油耗都有较大的影响。图3-1所示为东风5t载货汽车EQ140装用不同轮胎时的等速百公里燃油消耗量曲线。

图3-1　EQ140装用不同轮胎时的等速百公里燃油消耗量曲线

3. 汽车的技术状况

随着汽车使用时间的增长,其性能也在逐步发生变化。当感觉车辆有异样时,应立即对车辆进行检查。车辆的技术状况差、故障多,对汽车的行驶油耗影响很大。研究表明,汽车发动机技术故障对汽车油耗的影响如表3-1所示。

汽车发动机技术故障对汽车油耗的影响　　　　　　　　　　　　　表3-1

汽车技术故障名称	故障造成的油耗增加率（%）
空气滤清器和进气管堵塞	4.5
因汽缸活塞组和气门密封不严、活塞环烧蚀,汽缸垫损坏造成汽缸漏气	4
火花塞电极烧蚀	8
8缸发动机1个火花塞失灵	15
8缸发动机2个火花塞失灵	40
6缸发动机1个火花塞失灵	25
6缸发动机2个火花塞失灵	60

除汽车发动机故障外,汽车底盘部分的技术状况,如变速器、制动器、轴承、前束调整不当,轮胎气压不足等,也会导致汽车油耗大幅度增加。汽车行驶中,发动机冷却系统温度过高或过低,也可使汽车油耗上升12%~15%。

综上所述,为了减少汽车燃料消耗量和降低运输成本,企业要选购技术经济性指标先进、载质量大、自重轻、经济车速高、燃料特性曲线平坦的汽车。注意汽车的选型和动力合理配套,扩大柴油汽车的比例。

在使用技术方面:要维护发动机和底盘的良好技术状况;提高管理水平,合理调度和采用拖挂运输;要大力推广子午线轮胎。

在驾驶技术方面:尽可能增加高挡位使用时间,做到高挡位小节气门开度,提高发动机负荷率;也可采用加速滑行法提高发动机负荷率,降低有效燃料消耗率;避免急加速、急减速;在保证安全的前提下,适当提高平均车速和尽量采用预见性制动,做到"脚轻手快,换挡敏捷,缓慢加速,合理制动"十六字操作要领。

此外,发动机的类型、压缩比、燃料及燃烧、变速器的挡数等综合因素都会影响汽车的燃料经济性。

三、汽车燃油经济性检测的相关标准

与汽车燃油经济性检测相关的标准有:

(1)《汽车燃料消耗量试验方法　第1部分:乘用车燃料消耗量试验方法》(GB/T 12545.1—2008)。

(2)《汽车道路试验方法通则》(GB/T 12534—1990)。

(3)《轻型汽车污染物排放限值及测量方法(中国Ⅲ、Ⅳ阶段)》(GB 18352.3—2005)。

(4)《营运车辆综合性能要求和检验方法》(GB 18565—2001)。

(5)《轻型汽车燃料消耗量试验方法》(GB/T 19233—2008)。

(6)《乘用车燃料消耗量限值》(GB 19578—2004)。

四、常用汽车油耗计

汽车燃油消耗量是通过油耗仪来进行测量的。油耗仪的种类很多,按测试方法可分为容积式油耗仪、质量式油耗仪、流量式油耗仪和流速式油耗仪等。这里主要介绍常用的容积式油耗仪和质量式油耗仪。

1.容积式油耗仪的结构与工作原理

容积式油耗仪的工作原理是使被测流体充满一定容积的测量室,通过测量充满测量室的次数,则可测得被测流体的总量,再除以测量时间间隔或行驶里程即可得出平均燃油消耗量。

图3-2为行星活塞式油耗仪流量转换机构的工作原理图。该装置由十字形配置的四个活塞和旋转曲轴构成,流量转换机构用于将一定容积的燃油流量转变为曲轴的旋转运动。

燃油在泵油压力作用下推动活塞运动,再由活塞运动推动曲轴旋转,曲轴旋转一周即四个活塞各往复运动一次,完成一个进、排油循环。活塞在油缸中处于进油行程还是排油行程,取决于活塞相对于进排油口的位置。图3-2a)表示活塞1处于进油行程,从其曲轴箱来的燃油通过P_3推动下行,并使曲轴做顺时针旋转,此时活塞2处于排油行程终了,活塞3处于排油行程中,燃油从活塞3上部通过P_1从排油口E_1排出,活塞4处于进油行程终了。当

活塞和曲轴位置如图3-2b)所示时,活塞1进油终了,活塞2处于进油行程,通道 P_4 导通,活塞3排油终了,活塞4处于排油行程,燃油从 P_2 经排油口 E_2 排出。同理,可描述位置图3-2c)、图3-2d)各活塞的进、排油状态。如此反复,在燃油泵泵油压力的作用下,就可完成定容量、连续泵油的作用。曲轴旋转一周,各缸分别排油一次,其排油量为:

$$V = 4 \times \frac{\pi \cdot d^2}{4} \times 2h = 2h\pi d^2 \tag{3-1}$$

式中: V——四缸排油量,cm^3;

4——代表四个油缸;

$\pi \cdot d^2/4$——代表某一活塞截面面积,cm^2;

$2h$——2倍的曲轴偏心距,cm。

由此可见,经上述流量转换机构转换后,测量工作从测燃油消耗量转化为测流量变换机构曲轴的旋转圈数。这可由装在曲轴一端的信号转换装置完成,一般采用光电测量装置进行信号转换,将曲轴旋转圈数转化为电脉冲信号。

信号转换机构又称为燃油流量传感器,其结构如图3-3所示,下部是一微型计量电动机,上部是一个转速/脉冲变换器,将电动机旋转信号通过光栅转变为电脉冲信号。信号转换机构由磁性联轴器、转轴、光栅板、发光二极管、光敏管、电缆插座及壳体等组成。磁性联轴器上有主动磁铁和从动磁铁。主动磁铁装在曲轴上,从动磁铁装在转轴上,转轴通过轴承支撑在壳体内,转轴的上端固定有转动光栅板,在固定光栅板上、下方有发光二极管和光敏管。当曲轴转动时,由于一对永久磁铁的吸引作用,转轴及其上的转动光栅板也随之转动,通过发光二极管和光敏管的光电作用,将曲轴的转动变成光电脉冲信号送入计量显示仪。显然,该电脉冲数与曲轴转过的圈数成正比,经过内部运算处理后,即可在显示装置上显示出流经的燃油量。

图3-2　行星活塞式油耗仪流量转换机构工作原理图
1、2、3、4-活塞;5-曲轴;6-连杆;P_1、P_2、P_3、P_4-油道;E_1、E_2、E_3、E_4-排油口

图3-3　FP系列四活塞容积式燃油流量传感器
1-信号端子;2-转动光栅;3-转速/脉冲变换器;4-流量/转速变换器;5-活塞;6-磁性联轴器;7-固定光栅;8-光敏管 LED(对置)

2. 质量式油耗传感器的结构与工作原理

质量式油耗传感器由称重装置、计数装置和控制装置组成,如图3-4所示。在测量消耗一定质量的燃油所需的时间后,即可按式(3-2)算出单位时间内发动机的燃油消耗量。

图3-4 质量式油耗传感器
1-油杯;2-出油管;3-加油管;4-电磁阀;5、6-限位开关;
7-行程限位器;8、9-光电二极管;10-光源;11-鼓轮机构;
12-鼓轮;13-计数器;14-控制装置

$$G = 3.6 \times \frac{\omega}{t} \qquad (3-2)$$

式中:ω——燃油质量,g;
　　　t——测量时间,s;
　　　G——燃油消耗量,kg/h。

称重装置通常用台秤改制,量程为 0 ~ 10kg,称重误差为 ±0.1%。称重装置的秤盘上装有油杯1,燃油经电磁阀4加入油杯。电磁阀的开闭由装在平衡块上的行程限位器7拨动两个微型限位开关5和6来控制。光电传感器给出油耗始点和终点信号,它由两个光电二极管8、9和装在菱形指针上的光源10组成。光电二极管8为固定式,光电二极管9装在活动滑块上,滑块通过齿轮齿条机构移动,齿轮轴与鼓轮12相连,计量的燃油量通过鼓轮12从刻度盘上读出。计量开始时,光源10的光束射在光电二极管8上,光电二极管发出信号,使计数器13开始计数,随着油杯中燃油的消耗,指针移动。当光束射到光电二极管9上时,光电二极管9发出信号,使计数器13停止计数。上述质量式油耗传感器有一个系统误差,即测量时油杯中油面高度发生变化,伸入油杯中的油管浮力的反作用力也变化,造成称重时的系统误差。此项系统误差必须根据汽车耗油量及油杯液面高度变化进行修正。此外,在用L/100km油耗量单位时,在换算中必须考虑燃油密度与温度之间的关系。

五、汽车燃料消耗量限值

1. 乘用车燃料消耗量限值

《乘用车燃料消耗量限值》(GB 19578—2004),规定了乘用车燃料消耗量的限值,此标准适用于以点燃式发动机或压燃式发动机为动力、最大设计车速大于或等于50km/h、最大设计总质量不超过3500kg的M1类车辆。不适用于仅燃用气体燃料或醇类燃料的车辆。

乘用车燃料消耗量的限值见表3-2。如果申请车型在结构上具有以下一种或多种特征,其限值见表3-3。

(1)装有自动变速器。

(2)具有三排或三排以上座椅。

(3)符合《机动车辆及挂车》(GB/T 15089—2001)中规定条件的M1G类汽车。

对于新认证车,第一阶段的执行日期为2005年7月1日,第二阶段的执行日期为2008年1月1日;对于在生产车,第一阶段的执行日期为2006年7月1日,第二阶段的执行日期为2009年1月1日。

乘用车燃料消耗量限值		表 3-2
整车整备质量 *CM*（kg）	第一阶段（L/100km）	第二阶段（L/100km）
$CM \leqslant 750$	7.2	6.2
$750 < CM \leqslant 865$	7.2	6.5
$865 < CM \leqslant 980$	7.7	7.0
$980 < CM \leqslant 1090$	8.3	7.5
$1090 < CM \leqslant 1205$	8.9	8.1
$1205 < CM \leqslant 1320$	9.5	8.6
$1320 < CM \leqslant 1430$	10.1	9.2
$1430 < CM \leqslant 1540$	10.7	9.7
$1540 < CM \leqslant 1660$	11.3	10.2
$1660 < CM \leqslant 1770$	11.9	10.7
$1770 < CM \leqslant 1880$	12.4	11.1
$1880 < CM \leqslant 2000$	12.8	11.5
$2000 < CM \leqslant 2110$	13.2	11.9
$2110 < CM \leqslant 2280$	13.7	12.3
$2280 < CM \leqslant 2510$	14.6	13.1
$2510 < CM$	15.5	13.9

乘用车燃料消耗量限值		表 3-3
整车整备质量 *CM*（kg）	第一阶段（L/100km）	第二阶段（L/100km）
$CM \leqslant 750$	7.6	6.6
$750 < CM \leqslant 865$	7.6	6.9
$865 < CM \leqslant 980$	8.2	7.4
$980 < CM \leqslant 1090$	8.8	8.0
$1090 < CM \leqslant 1205$	9.4	8.6
$1205 < CM \leqslant 1320$	10.1	9.1
$1320 < CM \leqslant 1430$	10.7	9.8
$1430 < CM \leqslant 1540$	11.3	10.3
$1540 < CM \leqslant 1660$	12.0	10.8
$1660 < CM \leqslant 1770$	12.6	11.3
$1770 < CM \leqslant 1880$	13.1	11.8
$1880 < CM \leqslant 2000$	13.6	12.2
$2000 < CM \leqslant 2110$	14.0	12.6
$2110 < CM \leqslant 2280$	14.5	13.0
$2280 < CM \leqslant 2510$	15.5	13.9
$2510 < CM$	16.4	14.7

2. 营运客车燃料消耗量限值

营运客车燃料消耗量限值在《营运客车燃料消耗量限制及测试方法》(JT 711—2008)中进行了规定。柴油车燃料消耗量限制见表 3-4。汽油客车燃料消耗量限值为相应车长柴油客车限值的 1.15 倍(取值按四舍五入圆整至小数点后一位)。

营运柴油客车燃料消耗量限制				表 3-4
车　型	车厂 *L*(m)	第一阶段		第二阶段	
		高级车	中级及普通级车	高级车	中级及普通级车
特大型	$L > 12$	28.5	28.0	28.0	27.0
大型	$11 < L \leqslant 12$	27.1	22.8	24.4	20.5
	$10 < L \leqslant 11$	26.5	21.7	23.9	19.5
	$9 < L \leqslant 10$	25.0	19.4	22.5	17.5
中型	$8 < L \leqslant 9$	21.5	17.3	19.4	15.6
	$7 < L \leqslant 8$	20.0	16.7	18.0	15.0
	$6 < L \leqslant 7$	17.1	14.3	15.4	12.9
小型	$L \leqslant 6$	14.4	12.0	13.0	10.8

注：本标准自实施之日起执行第一阶段限值，第 19 个月开始执行第二阶段限值。

3. 营运货车燃料消耗量限值

营运货车燃料消耗量限值用综合燃料消耗量指标表示。柴油货运汽车(单车)、自卸汽车(单车)及半挂汽车列车的燃料消耗量限值见表 3-5 ~ 表 3-7。汽油货车燃料消耗量限值为相应总质量柴油货车限值的 1.15 倍(取值按四舍五入圆整至小数点后一位)。

营运柴油汽车(单车)燃料消耗量限值

表 3-5

车辆总质量 $T(kg)$	第一阶段限值 （L/100km）	第二阶段限值 （L/100km）
$3500 < T \leqslant 5000$	12.6	11.3
$5000 < T \leqslant 7000$	16.3	14.7
$7000 < T \leqslant 9000$	18.8	16.9
$9000 < T \leqslant 11000$	21.5	19.4
$11000 < T \leqslant 13000$	23.8	21.4
$13000 < T \leqslant 15000$	25.7	23.1
$15000 < T \leqslant 17000$	27.4	24.7
$17000 < T \leqslant 19000$	28.9	26.0
$19000 < T \leqslant 21000$	30.2	27.2
$21000 < T \leqslant 23000$	31.4	28.3
$23000 < T \leqslant 25000$	32.5	29.3
$25000 < T \leqslant 27000$	33.5	30.2
$27000 < T \leqslant 29000$	34.5	31.1
$29000 < T \leqslant 31000$	35.5	32.0

营运柴油自卸汽车(单车)燃料消耗量限值

表 3-6

车辆总质量 $T(kg)$	第一阶段限值 （L/100km）	第二阶段限值 （L/100km）
$3500 < T \leqslant 5000$	12.4	11.2
$5000 < T \leqslant 7000$	15.4	13.9
$7000 < T \leqslant 9000$	18.3	16.5
$9000 < T \leqslant 11000$	20.7	18.6
$11000 < T \leqslant 13000$	22.7	20.4
$13000 < T \leqslant 15000$	24.2	21.8
$15000 < T \leqslant 17000$	25.4	22.9
$17000 < T \leqslant 19000$	26.1	23.5
$19000 < T \leqslant 21000$	26.6	23.9
$21000 < T \leqslant 23000$	26.9	24.2
$23000 < T \leqslant 25000$	27.2	24.5
$25000 < T \leqslant 27000$	27.9	25.1
$27000 < T \leqslant 29000$	29.0	26.1
$29000 < T \leqslant 31000$	31.1	28.0

营运柴油半挂汽车列车燃料消耗量限值

表 3-7

列车总质量 $T(kg)$	第一阶段限值(L/100km)	第二阶段限值(L/100km)
$T \leqslant 27000$	39.0	35.1
$29000 < T \leqslant 35000$	39.9	35.9
$35000 < T \leqslant 43000$	42.0	38.0
$43000 < T \leqslant 49000$	43.0	39.0

4. 轻型商用车辆燃料消耗量限值

《轻型商用车辆燃料消耗量限值》(GB/T 20997—2007)对轻型商用车燃料消耗量限值进行了规定。本标准适用于以点燃式发动机或压燃式发动机为动力、最大设计车速大于或等于 50km/h 的 N1 类和最大设计总质量不超过 3500kg 的 M2 类车辆。本标准不适用于不能燃用汽油或柴油的车辆，以及带有专用作业装置的车辆(如扫路车、洒水车、防弹运钞车等)和消防车、警车、工程抢险车、救护车等特种车辆。

轻型商用车燃料消耗量的限值见表 3-8 ~ 表 3-11。如果具有以下一种或多种特征，其限值是表 3-8 ~ 表 3-11 中的限值乘以 1.05，求得的数值圆整(四舍五入)至小数点后一位。

(1)装有自动变速器。

(2)具有三排或三排以上座椅。

(3)符合《机动车辆及挂车》(GB/T 15089—2001)中规定条件的 M1G 类汽车。

自 2009 年 1 月 1 日起，在 2008 年 2 月 1 日前认证车型的在生产车及其变型车应符合第一阶段限制要求。自 2012 年 1 月 1 日起，适用于本标准的所有车辆应符合第二阶段限值要求。

表 3-8

N1 类汽油车辆燃料消耗量限值

最大设计总质量 M(kg)	发动机排量 V(L)	第一阶段限值(L/100km)	第二阶段限值(L/100km)
M≤2000	全部	8.0	7.8
2000<M≤2500	V≤1.5	9.0	8.1
	1.5<V≤2.0	10.0	9.0
	2.0<V≤2.5	11.5	10.4
	V>2.5	13.5	12.5
2500<M≤3000	V≤2.0	10.0	9.0
	2.0<V≤2.5	12.0	10.8
	V>2.5	14.0	12.6
M>3000	V≤2.5	12.5	11.3
	2.5<V≤3.0	14.0	12.6
	V>3.0	15.5	14.0

N1 类柴油车辆燃料消耗量限值　　　　　　表 3-9

最大设计总质量 M(kg)	发动机排量 V(L)	第一阶段限值(L/100km)	第二阶段限值(L/100km)
M≤2000	全部	7.6	7.0
2000<M≤2500	V≤2.5	8.4	8.0
	2.5<V≤3.0	9.0	8.5
	V>3.0	10.0	9.5
2500<M≤3000	V≤2.5	9.5	9.0
	2.5<V≤3.0	10.0	9.5
	V>3.0	11.0	10.5
M>3000	V≤2.5	10.5	10.0
	2.5<V≤3.0	11.0	10.5
	3.0<V≤4.0	11.6	11.0
	V>4.0	12.0	11.5

最大设计总质量≤3.5t 的 M2 类汽油车辆燃料消耗量限值　　　表 3-10

最大设计总质量 M(kg)	发动机排量 V(L)	第一阶段限值(L/100km)	第二阶段限值(L/100km)
M≤3000	V≤2.0	10.7	9.7
	2.0<V≤2.5	12.2	11.0
	2.5<V≤3.0	13.5	12.2
	V>3.0	14.5	13.1
M>3000	V≤2.5	12.5	11.3
	2.5<V≤3.0	14.0	12.6
	V>3.0	15.5	14.0

最大设计总质量 M(kg)	发动机排量 V(L)	第一阶段限值(L/100km)	第二阶段限值(L/100km)
$M \leqslant 3000$	$V \leqslant 2.5$	9.4	8.5
	$V > 2.5$	10.5	9.5
$M > 3000$	$V \leqslant 3.0$	11.5	10.5
	$V > 3.0$	12.6	11.5

5. 在用车燃料消耗量限值

根据我国营运车辆检测设备的实际情况及《营运车辆技术等级划分和评定要求》(JT/T 198—2004)的执行情况,本标准规定采用等速百公里燃料消耗量作为评价车辆燃料经济性的指标。检测车速:营运客车 60km/h;其他车辆 50km/h。在用车其限值规定为该车型原厂规定的相应车速等速百公里燃料消耗量的 110%。

例如,某车型的车辆原厂规定 50km/h 等速百公里燃料消耗量(若为营运客车应是 60km/h 等速百公里燃料消耗量)为 10L,则该车型的车辆相应车速的等速百公里燃料消耗量限值为 11L。即无论是在汽车底盘测动机上或是用道路试验方法测量该车速下的等速百公里燃料消耗量都以不大于 11L 为合格。

任务二　汽车燃油经济性的台架试验

一、汽车燃油经济性的台架试验规范

一般而言,汽车检测站因受到场地条件限制,无法用道路试验检测汽车的燃油经济性,因此常在底盘测功机上参照有关规定模拟道路试验来检测汽车的燃油经济性,例如参照中华人民共和国交通行业标准《营运车辆技术等级划分和评定要求》(JT/T 198—2004)。

1. 检测项目

汽车燃油经济性台架试验的检测项目为汽车等速百公里油耗。

2. 检测方法

用底盘测功机检测等速百公里油耗。

起动发动机,运转至正常的工作温度。在测功机上,变速器置于直接挡(无直接挡的用最高挡),测功机加载至限定条件,使汽车稳定在测试车速,测量燃油消耗量,并换算成百公里燃油消耗量。

在具有可模拟汽车行驶动能的飞轮机构,并采用自动控制的底盘测功机上,也可按规定的试验循环测定其多工况燃油消耗量。

在汽车底盘测功机上进行循环试验(测定油耗)是近年来新发展的试验方法,又称为燃油消耗量台架法,试验示意图如图 3-5 所示。将汽车驱动轮置于底盘测功机的转鼓上,驱动轮既可拖动转鼓,又可进行反拖。如果将底盘测功机装在有空调设施的实验室内,则不会有风和气温的变化,可使

图 3-5　燃油消耗量台架实验示意图

行驶阻力保持一定,所以试验具有良好的再现性。

按照《营运车辆综合性能要求和检验方法》(GB 18565—2001)的规定,汽车百公里燃油消耗量不得大于该车型原厂规定的相应车速等速百公里燃油消耗量。要想在底盘测功机上进行的油耗试验能取得与道路试验一致的结果,关键是将汽车在道路上的行驶阻力(滚动阻力和空气阻力)在测功机上尽可能地模拟出来。

3. 等速百公里油耗测试模拟加载量的确定

在用台架试验汽车的等速百公里油耗时,合理确定测功机的加载量来模拟汽车在Ⅲ级以上平直道路上以规定车速行驶时所受到的阻力极其重要。汽车在平直道路上等速行驶时,克服滚动阻力和空气阻力所消耗的驱动轮功率为:

$$P_k = \frac{\left(Gf + \frac{1}{21.15}C_D A v^2\right)v}{3600} \tag{3-3}$$

式中:P_k——驱动轮输出功率,kW;

　G——汽车总质量,N;

　f——滚动阻力系数;

　C_D——空气阻力系数;

　A——迎风面积,m^2;

　v——试验车速,km/h。

C_D、f、A 可参考表3-12。求出试验车速下驱动轮功率,并且应考虑到测功机传动机构的摩擦损失功率及驱动轮—滚筒间的摩擦损失功率的存在,将此两项损失功率从式(3-3)计算值中减掉后,才是真正应该在测功机功率吸收单元中模拟的加载量,即:

$$P_{PAU} = P_k - P_{PL} - P_C \tag{3-4}$$

式中:P_{PAU}——模拟功率;

　P_{PL}——传动机构摩擦损失功率;

　P_C——轮胎与滚筒间摩擦损失功率。

以此作为测功机的模拟加载量。

C_D、f、A 推荐值　　　　　　　　　　　　　　　　表3-12

车 辆 类 型	C_D	f	A
轿车	0.35 ~ 0.55	$f = 0.0076 + 0.000056v$	$A = 1.05B \times H$ (B 为轮距,H 为车高)
货车	0.40 ~ 0.60		
客车	0.58 ~ 0.80		

4. 试验准备

(1)试验环境条件:环境温度 0 ~ 40℃;环境相对湿度小于85%;大气压力 80 ~ 110kPa。

(2)试验车辆的准备。试验车辆应预热至正常工作温度(一般在 80 ~ 90℃范围),轮胎气压应符合该车技术条件的规定,且左右轮胎花纹应一致。

(3)底盘测功机的准备。底盘测功机应预热至正常工作温度;底盘测功机和油耗计应符合使用要求,工作正常;检测时,应记录环境温度、大气压力和燃油密度。

(4)油耗仪传感器和气体分离器的安装。试验用的油耗仪传感器和气体分离器的安装位置应正确,具体安装情况如图 3-6 所示。

图3-6 油耗仪传感器和气体分离器的安装位置

a)在传统汽油机上的安装位置；b)在柴油机上的安装位置；c)在电控燃油喷射发动机上的安装位置

二、汽车燃油经济性台架试验方法

（1）在底盘测功机上设定检测车速：轿车 60km/h；其他车辆 50km/h。

（2）将被测汽车驱动轮平稳驶至底盘测功机滚筒上，落下举升器，起动汽车。逐步加速并换至直接挡（若无直接挡，可换至最高挡），使车速达到规定的车速。给测功机加载 P_{PAU}，使其模拟汽车满载等速行驶在平坦良好路面时的行驶阻力功率 P。

$$P = P_{PAU} + P_{PL} + P_F \qquad (3-5)$$

式中：P——汽车满载等速行驶在平坦良好路面时的行驶阻力功率；

P_{PAU}——底盘测功机吸收单元的吸收功率；

P_{PL}——测功机内部摩擦损失功率，由底盘测功机生产厂家给出；

P_F——汽车驱动轮、传动系等的摩擦损失，由测功机使用者自行测定。

当 $P_{PL} + P_F \geq P$ 时，车辆不能在该测功机上进行检测。

当 $P_{PL} + P_F < P$ 时，需调整 P_{PAU}，使 $P_{PAU} + P_{PL} + P_F = P$。

其中，行驶阻力功率 P 可按《轻型汽车污染物排放限值及测量方法（中国Ⅲ、Ⅳ阶段）》附件 C 的有关规定试验测得，试验时基准质量为车辆满载；也可以按汽车在平坦良好路面等速行驶所消耗的功率值计算得到。

（3）待车速稳定后开始测量，要求测量不低于500m 距离的燃油消耗量。连续测量2 次并记录。

（4）计算等速百公里燃油消耗量和2 次的算术平均值。

参照《汽车燃料消耗量试验方法 第 1 部分：乘用车燃料消耗量试验方法》（GB/T 12545.1—2008）的有关规定，可在不同试验车速下进行汽车的等速百公里油耗试验，并作出汽车的等速百公里油耗特性曲线。试验时，汽车使用常用挡位，试验车速从 20km/h（最小稳定车速高于 20km/h 时，从 30km/h）开始，以车速 10km/h 的整数倍均匀选取试验车速，直到最高车速的 90%。

思考题三

1. 为什么用高挡行驶会省油？
2. 变速器设置超速挡有何作用？
3. 分析汽车拖挂省油的原因。
4. 汽车燃油经济性的评价指标有几种？各有何优缺点？
5. 什么是等速百公里燃油消耗量？
6. 汽车燃料消耗量试验有哪些主要内容？如何进行试验？
7. 汽车燃料消耗仪有哪些种类？
8. 试简述质量式油耗仪的结构及工作原理。
9. 试简述容积式油耗仪的结构及工作原理。
10. 试简述汽车等速百公里油耗在底盘测功机上的测试方法。
11. 试简述电喷车和柴油车进行燃料消耗量测试时应如何安装油耗仪。

学习情景四　汽车的制动性能与检测

　　客户到4S店进行车辆维修,原因是最近发现车子制动不好,这次前保险杠的损坏就是由于制动不好引起的追尾。客户希望4S店在维修好保险杠的同时,将制动不好的问题也予以解决。

　　要完成这个工作任务,首先应熟悉汽车制动的制动原理和制动性能的评价标准,熟悉汽车制动性能检测设备的结构和工作原理,并能够使用检测设备对制动性能进行检测。下面就分步来完成本学习情景的学习任务。

任务一　汽车制动性能评价

　　制动器中的摩擦片和行驶系中的轮胎属于正常损耗件,它们会随着汽车运行里程的不断增长,而不断磨损、老化、变形,从而不可避免地导致制动性能逐渐衰退,制动效果逐渐恶化、变差。因此,了解、掌握汽车制动性能衰退程度,就成为保障车辆安全运行的重要技术措施。

一、制动印痕分析

　　若想判断客户汽车追尾的原因,首先应分析汽车的制动印痕,通过制动印痕的分析可以判断汽车制动时的车轮运动状态。制动时,车轮的运动状态有纯滚动、纯滑动和边滚边滑三种。如图4-1所示,为汽车制动过程中逐渐增大踏板力时轮胎留在地面上的印痕。

图4-1　制动时轮胎在地面上的印痕
a)印痕清晰;b)印痕逐渐模糊;c)漆黑一片

　　整个印痕大体上可分为三段:印痕清晰(图4-1a)、印痕逐渐模糊(图4-1b)、漆黑一片(图4-1c)。

　　第一段印痕清晰,印痕的形状与轮胎胎面花纹基本上一致,车轮还接近于单纯的滚动,可以认为:

$$v_{\mathrm{w}} \approx r_{\mathrm{r0}} \omega_{\mathrm{w}} \qquad (4\text{-}1)$$

式中：v_{w}——车轮中心的速度；

$\quad r_{\mathrm{r0}}$——没有地面制动力时的车轮滚动半径；

$\quad \omega_{\mathrm{w}}$——车轮的角速度。

第二阶段印痕逐渐模糊：车轮边滚边滑。轮胎花纹的印痕可以辨认出来，但花纹逐渐模糊，轮胎不只是单纯的滚动，胎面与地面发生一定程度的相对边滑，此时：

$$v_{\mathrm{w}} > r_{\mathrm{r0}} \omega_{\mathrm{w}} \qquad (4\text{-}2)$$

第三阶段漆黑一片：纯滑动。车轮被制动器抱住，在路面上做完全的拖滑，此时：

$$\omega = 0 \qquad (4\text{-}3)$$

从这三个阶段的变化情况可以看出，随着制动强度的增加，车轮滚动的成分越来越少，而滑动成分越来越多。一般用滑移率 s 来说明这个过程中滑动成分的多少。

滑移率的定义为：

$$s = \frac{v_{\mathrm{w}} - r_{\mathrm{r0}} \omega_{\mathrm{w}}}{v_{\mathrm{w}}} \times 100\% \qquad (4\text{-}4)$$

在纯滚动时，$v_{\mathrm{w}} = r_{\mathrm{r0}} \omega_{\mathrm{w}}$，滑移率 $s = 0$；在纯拖滑时，$\omega_{\mathrm{w}} = 0$，$s = 100\%$；边滚边滑时，$0 < s < 100\%$。所以，滑移率的数值说明了车轮运动中滑动成分的所占的比例，滑移率越大，滑动成分越多。

二、制动过程车轮的受力分析

制动印痕与汽车制动过程中车轮的受力有关。汽车制动时的制动力包括空气阻力、地面制动力、制动器制动力与地面附着力，单纯依靠空气阻力是不能在指定的时间和距离内达到降低车速或停车的目的的、制动过程主要是受到地面制动力、制动器制动力与地面附着力的影响。

1. 地面制动力

汽车在制动过程中，人为地使汽车受到一个与其行驶方向相反的外力，汽车在这一外力作用下迅速地降低车速以至停车，这个外力称为汽车的制动力。一般汽车多用车轮制动器来产生汽车的制动力，这一制动力最终以在汽车车轮上产生一个与汽车行驶方向相反的地面切向反作用力的方式表现出来，因而此时的汽车制动力又可称为地面制动力。

地面制动力用 $F_{X\mathrm{b}}$ 表示，如图 4-2 所示。

由力矩平衡可知：

$$F_{X\mathrm{b}} = \frac{T_{\mu}}{r} \qquad (4\text{-}5)$$

式中：r——车轮半径。

2. 制动器制动力

制动器制动力是为克服制动器摩擦力矩而在车轮周缘所需施加的切向力，以符号 F_{μ} 来表示。它相当于把汽车架离地面，踩住制动踏板后，在车轮周缘扳动车轮直至它能转动所施加的切向力。

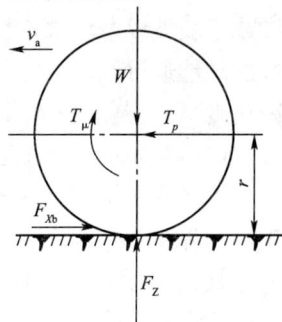

图 4-2　制动时的车轮受力分析

$$F_{\mu} = \frac{T_{\mu}}{r} \qquad (4\text{-}6)$$

式中：T_{μ}——制动器的摩擦力矩；

r——车轮半径。

3. 制动过程各种作用力之间的关系

汽车的地面制动力首先取决于制动器制动力,同时又受地面附着条件的限制,只有制动器制动力足够,同时地面附着力较高时,才能获得较高的地面制动力。这样,地面制动力既取决于制动器制动力,又受地面附着力的制约,它们的关系如图4-3所示。

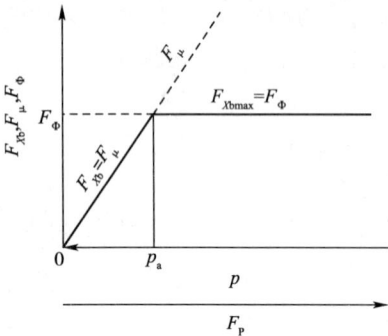

由图4-3可知,当制动系管路压力或制动踏板力较小,未达到某一极限时,制动器摩擦力矩不大,地面制动力足以克服制动器摩擦力矩推动车轮滚动。此时,地面制动力就等于制动器制动力,并随制动系管路压力(制动器制动力)的增长成正比地增大,直至某一限值,地面制动力便不再随制动管路压力继续增加,而达到最大值,制动器制动力却随制动管路压力继续增大。这是由于地面附着力制约了地面制动力的继续增大,地面附着力便成了地面制动力的极限,地面制动力小于等于地面附着力,即:

$$F_{Xb} \leqslant F_{\Phi} = F_Z \Phi \tag{4-7}$$

最大地面制动力 F_{Xbmax} 为:

$$F_{Xbmax} = F_Z \Phi \tag{4-8}$$

图4-3 汽车制动时地面制动力、制动器制动力和地面附着力之间的关系

三、汽车制动性能的评价指标

汽车制动性的评价指标有以下三个:

(1)汽车的制动效能

汽车制动效能是指汽车迅速减速直至停车的能力。它又可用以下三个指标进行评价:即在良好路面上,汽车以一定的初速度制动到停车的制动距离、制动时的减速度和制动力。它是制动性能最基本的评价指标。

(2)制动效能的恒定性

制动效能的恒定性是指车辆抵抗制动效能的热衰退和水衰退的能力。即汽车在高速行驶或下长坡以及涉水连续制动时制动效能的稳定程度。汽车的制动过程实际上是把汽车行驶的动能通过制动器吸收转换为热能的过程。制动器自身温度升高以后,制动力下降,制动减速度减小,制动距离增大,称之为制动器的热衰退。

(3)制动时汽车的方向稳定性

制动时的方向稳定性是指制动时汽车按照驾驶员给定方向行驶的能力。即是否会发生制动跑偏(制动时汽车偏驶,但后轮沿前轮的轨迹运动)、侧滑(制动时汽车一轴或双轴发生横向滑动,前、后轮轨迹不重合)或失去转向能力(如前轮抱死拖滑,汽车将失去转向能力)。

1. 汽车制动效能分析

制动效能由制动力、制动减速度和制动距离等参数来评定。驾驶员在接受了紧急制动信号后,制动踏板力、汽车制动减速度与制动时间的关系曲线如图4-4所示。

驾驶员接到紧急停车信号时,并没有立即行动,如图4-4中的 a 点,而是经过 τ'_1 后才意

识到应进行紧急制动,并移动右脚,再经过 τ'_1 后才踩到制动踏板。从 a 点到 b 点所经过的时间 $\tau_1 = \tau'_1 + \tau''_1$ 称为驾驶员反应时间。这段时间一般为 $0.3 \sim 1.0\mathrm{s}$。在 b 点后,随着驾驶员踩踏板的动作,踏板力迅速增大,至 d 点时达到最大值,不过由于制动蹄由复位弹簧拉着,蹄片与制动鼓间存在间隙,所以要经过 τ'_2,即至 c 点,地面制动力才起作用,使汽车开始产生减速度。由 c 点到 e 点是制动器制动力增长过程所需的时间 τ''_2。$\tau_2 = \tau'_2 + \tau''_2$ 总称为制动器的作用时间。制动器作用时间一方面取决于驾驶员踩踏板的速度,另外更重要的是受制动系结构形式的影响。τ_2 一般在 $0.2 \sim 0.9\mathrm{s}$ 之间。由 e 到 f 为持续制动时间 τ_3,其减速度基本不变。到 f 点时,驾驶员松开踏板,但制动力的消除还需要一段时间,τ_4 一般在 $0.2 \sim 1.0\mathrm{s}$ 之间。这段时间过长会耽误随后起步行驶的时间。另外,若因车轮抱死而使汽车失去控制,驾驶员采取措施放松制动踏板时,又会使制动力不能立即释放。

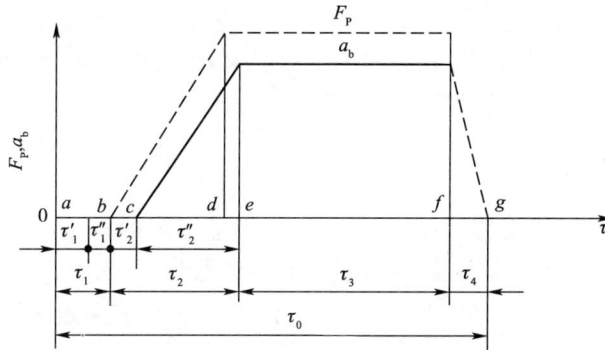

图 4-4 汽车的制动过程

汽车在制动阶段内驶过的距离即制动距离:

$$s = \frac{1}{3.6}\left(\tau'_2 + \frac{\tau''_2}{2}\right)v_{a0} + \frac{v_{a0}^2}{25.92 a_{bmax}} \tag{4-9}$$

2. 汽车制动效能恒定性分析

汽车制动效能恒定性可由制动器的抗热衰退性能和水衰退性能来衡量。

（1）抗热衰退性能

热衰退是指由于摩擦热的影响使制动器摩擦材料的摩擦系数下降,导致制动效能暂时降低的现象。热衰退是目前制动器不可避免的现象,只是有程度的差别。制动器热衰退程度用热衰退率评价。在产生相同制动力的条件下,制动器冷状态下所需的操纵力（制动系统压力）与热状态下所需的操纵力之比称为热衰退率。

从能量观点看,汽车的制动过程是将汽车的机械能（动能和势能）的一部分或全部,通过制动器的摩擦转化为热能,并向大气耗散的过程。能量的这种转换和耗散就使制动器摩擦副发热、温度升高、摩擦系数下降,并产生磨损,从而影响汽车制动性能和制动器的寿命。汽车在高速下紧急制动,制动时间短,汽车全部动能的转换和耗散任务几乎全部由制动器承担;而在短时间内连续制动,尤其是下长坡连续和缓制动、重复制动,制动时所产生的热量,难以及时散出,就将使制动器温度迅速升高超出正常范围,导致制动效能明显下降。制动时,制动器所达到的温度取决于制动产生热量的条件（如制动初速、终速、制动减速度、制动频繁程度、汽车总质量等）和散热条件（如大气温度、行驶速度、制动器通风环境、制动器受热零件的热容量、散热面积等）。汽车行驶的环境条件和行驶工况是随机的,因此制动器的热衰退程度主要还是取决于制动器摩擦副材料和制动器结构。

在制动过程中,制动器摩擦衬片表面的温度经常可达到 300～400℃。摩擦衬片一般都用石棉摩擦材料制造,石棉摩擦材料在温度升到一定程度时,摩擦系数将显著下降。当温度升到300℃以上时,石棉分解出焦油状物,在摩擦表面上起到润滑作用,使摩擦系数下降;而在温度达到800℃时,石棉就会完全脱去结晶水而分解,助长了热衰退现象。为提高制动器的热稳定性,除改进石棉摩擦材料的组成成分和压制工艺外,最好采用热稳定性好的、无石棉摩擦材料作为摩擦衬片,如金属摩擦材料。

此外,制动器结构也对抗热衰退产生影响。盘式制动器热稳定性优于鼓式制动器,这是由于盘式制动器散热效果好。采用非金属材料摩擦衬片的制动器,由于非金属材料摩擦衬片的绝热性能,因此其所能吸收的热量很少,绝大部分由制动鼓(制动盘)吸收。鼓式制动器散热条件差,制动鼓受热胀大变形,就使得制动蹄与制动鼓只在中部接触,鼓式制动器的热稳定性也因此不如盘式制动器。

国际标准 ISO/DIS 6597 推荐,以一定的车速连续制动 15 次,每次的制动强度为 $3m/s^2$,最后的制动效能应不低于规定的冷试验制动效能($5.8m/s^2$)的 60%,条件是制动踏板力不变。

(2)水衰退性能

水衰退性能是指制动器摩擦表面浸水使制动效能下降的现象。制动器摩擦表面浸水后,由于水的润滑作用使摩擦系数下降,从而导致制动器制动效能降低。

水衰退的程度可用制动器浸水后的制动效能与浸水前的制动效能的比值(%)表征。若水衰退发生在汽车一侧车轮制动器上,就将造成左右车轮制动力不等,进而恶化汽车制动时的方向稳定性。

汽车制动时产生的热量可使制动器摩擦衬片干燥。因此,为了保证安全,汽车涉水后应踩几脚制动踏板,制动蹄与制动鼓发生摩擦产生热量,可使制动器迅速干燥,恢复正常,这种现象称为水恢复。

试验研究表明,盘式制动器的水衰退影响比鼓式制动器要小,水恢复也较鼓式制动器快。这是由于盘式制动器的效能因数(在制动盘或制动鼓的作用半径上所得到的摩擦力与输入力之比)受摩擦系数下降的影响较小,而且制动器中的水分会被旋转的制动盘甩出,同时制动器摩擦块的压力较高,也易于将摩擦衬片上的水分挤出和擦干。鼓式制动器的排水干燥就较为困难,需经较多次数的制动才能恢复原有制动性能。盘式制动器的抗水衰退性和水恢复性就明显优于鼓式制动器。

3.汽车制动时的方向稳定性分析

汽车制动时的方向稳定性,是指在制动过程中,汽车按驾驶员给定的轨迹行驶的能力,即不发生跑偏和侧滑,而维持直线行驶或按预定弯道行驶的能力。调查表明,发生人身伤亡的交通事故中,与侧滑有关的比例在潮湿路面上约为 30%,在冰雪路面上为 70%～80%。而侧滑的产生有 50% 是由制动引起的。紧急制动时的危险情况主要包括:

(1)制动跑偏

制动跑偏是指汽车直线行驶制动时,在转向盘固定不动的条件下,汽车自动向左侧或右侧偏驶的现象。制动跑偏主要是由于汽车左右车轮,特别是转向轴左右车轮制动力不相等;制动时,汽车悬架导向杆系与转向系拉杆在运动学上不协调,发生杆系间的运动干涉等造成的。

汽车转向轴左右轮制动力 F_{X11}、F_{X1r} 不等引起的汽车制动跑偏的受力分析,如图 4-5 所示。图中左轮制动力大于右轮制动力（$F_{X1l} > F_{X1r}$），它们对各自主销形成的力矩便不相等，且方向相反，并使转向轮向左偏转一个角度（向力矩大的方向偏转）。尽管转向盘不动，由于转向杆系中存在间隙及杆件弹性的影响，转向轮左右轮制动力不等所形成的力矩仍会引起转向轮跑偏。左右轮制动力不相等，还会对汽车质心形成一个不平衡力矩，为平衡左右轮制动力不等所产生的绕质心的力矩，必然会在前、后轴地面引起侧向作用力这 F_{Y1}、F_{Y2}。当转向轮主销有后倾时，这个侧向力 F_{Y1} 也会对转向轮产生一偏转力矩，从而加大了车轮的偏转，使汽车跑偏增强。

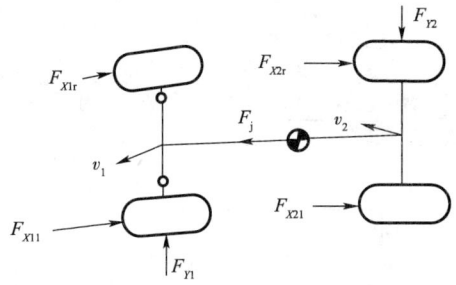

图 4-5　制动跑偏时的受力分析
F_j-汽车惯性力

转向轴左右轮制动力不等是难以避免的，因为各轮制动器摩擦副表面状况、轮胎状况、制动器的调整状况，以及左、右轮与路面接触状况不可能完全一致。问题是左右轮制动力不相等到什么程度，才会造成汽车不容许的跑偏。

根据国外相关研究试验表明，制动跑偏随转向轴左右轮制动力不等度的增加而增大；同一左右轮制动力不等度的制动跑偏随制动过程延续时间的延长而增大。在其他条件一定时，制动过程延续时间的长短就取决于制动初速度，制动初速度越高，制动过程的延续时间就越长，同一制动力不等度的制动跑偏也就越严重；在左右轮制动力不等度相同的条件下，锁住转向盘的制动跑偏比不锁住转向盘时小；制动跑偏的程度还受后轮抱死与否的影响。左右轮制动力不等度相同，后轮抱死时的制动跑偏的程度明显大于后轮未抱死时的跑偏；后轮未抱死时，一般允许转向轴左右轮制动力相差 10% ~30%，若差值太大肯定会引起明显的制动跑偏。

杆系运动干涉引起的制动跑偏方向是固定的，因此是系统性的，通过正确的设计就可避免。定型汽车使用过程中，因转向杆系间的运动干涉所导致的制动跑偏，是由转向轴变形、杆系变形、调整不当等汽车使用因素造成的，只要正确、合理使用汽车，基本上可以避免。

（2）制动侧滑

汽车若受外界侧向力或因左右轮制动力不等而引起侧向力作用，易使车轮丧失横向附着能力，使车轴沿横向滑动，即产生侧滑。制动时发生侧滑，特别是后轴侧滑，将引起汽车剧烈的回转运动，严重时可使汽车掉头。制动时，若后轴比前轴车轮先抱死拖滑，就可能发生后轴侧滑。

（3）转向能力的丧失

当前轮抱死或先于后轮抱死时，前轮的横向附着系数为零，尽管操纵转向盘使前轮偏转，路面却产生不了对前轮的侧向力，汽车因而丧失了转向能力。

四、前后车轮制动器制动力的比例关系分析

1. 制动时汽车受力图及地面法向反作用力

前后制动器制动力分配的比例将影响汽车制动时的方向稳定性和附着条件利用程度。

在分析前后制动器制动力分配比例以前，必须先了解在制动时地面作用于前后车轮的法向反作用力。图 4-6 是汽车制动时的受力情况。

图 4-6 中忽略了滚动阻力偶矩、空气阻力以及旋转质量惯性力偶矩。若忽略制动时,车轮边滚边滑的过程,并对后轮接地点取力矩,则得:

图 4-6　汽车制动时的受力

$$F_{Z1}L = Gb + m\frac{\mathrm{d}v}{\mathrm{d}t}h_{\mathrm{g}} \tag{4-10}$$

式中:F_{Z1}——地面对前轮的法向作用力;

　　G——汽车重力;

　　b——汽车质心至后轴中心线的距离;

　　m——汽车质量;

　　h_{g}——汽车质心高度;

　　$\dfrac{\mathrm{d}v}{\mathrm{d}t}$——汽车减速度。

对前轮接地点取力矩,则得:

$$F_{Z2}L = Ga - m\frac{\mathrm{d}v}{\mathrm{d}t}h_{\mathrm{g}} \tag{4-11}$$

式中:F_{Z2}——地面对后轮的法向反作用力;

　　a——质心至前轴中心线的距离。

所以

$$\left. \begin{aligned} F_{Z1} &= \frac{G}{L}\left(b + \frac{h_{\mathrm{g}}}{g}\frac{\mathrm{d}v}{\mathrm{d}t}\right) \\ F_{Z2} &= \frac{G}{L}\left(a - \frac{h_{\mathrm{g}}}{g}\frac{\mathrm{d}v}{\mathrm{d}t}\right) \end{aligned} \right\} \tag{4-12}$$

若在不同附着系数的路面上制动,前后轮都抱死(不论次序如何),则 $F_{Xb} = F\varphi = G\varphi$,此时有:

$$\left. \begin{aligned} F_{Z1} &= \frac{G}{L}(b + \varphi h_{\mathrm{g}}) \\ F_{Z2} &= \frac{G}{L}(a - \varphi h_{\mathrm{g}}) \end{aligned} \right\} \tag{4-13}$$

这说明随着附着系数的变化,前后轮的法向反作用力变化很大。

2. 理想的前后轮制动器制动力分配

从理论上看,制动时前后轮同时抱死拖滑,是制动的理想状态,制动效果最佳。在任意附着系数 φ 的路面上,均能保证前后轮同时抱死拖滑的前后轮制动器制动力分配,称为理想分配。

在任何附着系数的路面上,前后车轮同时抱死的条件为,前后轮制动器制动力之和等于附着力,并且前后轮制动器制动力分别等于各自的附着力。前后轮制动器制动力 $F_{\mu1}$、$F_{\mu2}$ 的关系为:

$$F_{\mu2} = I(F_{\mu1}) = \frac{1}{2}\left[\frac{G}{h_{\mathrm{g}}}\sqrt{b^2 + \frac{4h_{\mathrm{g}}L}{G}F_{\mu1}} - \left(\frac{Gb}{h_{\mathrm{g}}} + 2F_{\mu1}\right)\right] \tag{4-14}$$

由式(4-14)画成的曲线,即为理想的前后轮制动器制动力分配曲线,简称 I 曲线。如图 4-7 所示。

3. 实际的前后制动器制动力分配

不少两轴汽车的前后制动器制动力之比为一定值。常用前制动器制动力与汽车总制动

器制动力之比来表明分配的比例,称为制动器制动力分配系数,并以符号 β 表示,即:

$$\beta = \frac{F_{\mu 1}}{F_{\mu}} \qquad (4\text{-}15)$$

式中:F_{μ}——汽车总制动器制动力。

故

$$\frac{F_{\mu 1}}{F_{\mu 2}} = \frac{\beta}{1-\beta} \qquad (4\text{-}16)$$

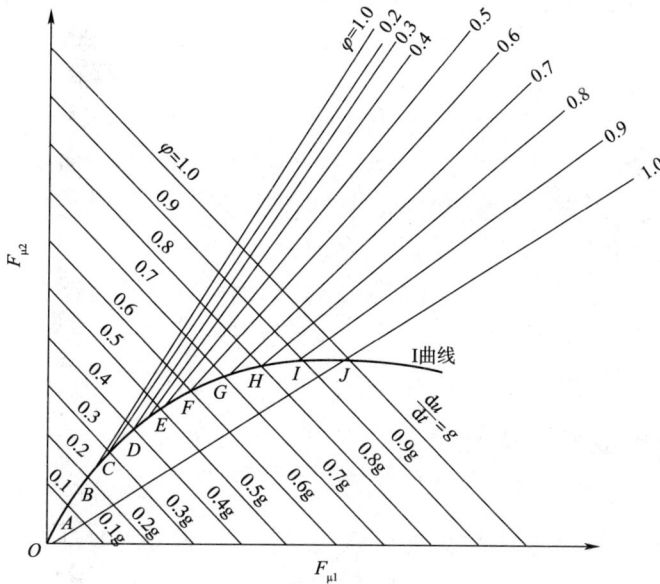

图 4-7　理想的前后制动器制动力分配曲线

若用 $F_{\mu 2} = B(F_{\mu 1})$ 表示,则 $F_{\mu 2} = B(F_{\mu 1})$ 为一直线,此直线通过坐标原点,且其斜率为:

$$\tan\theta = \frac{1-\beta}{\beta} \qquad (4\text{-}17)$$

这条直线称为实际前后制动器制动力分配线,简称 β 线。图 4-8 给出了某一货车的 β 线,同时还给出了该货车空载和满载时的 I 曲线。

可以看出,β 线与 I 曲线在 B 点相交,我们称对应于这一点的附着系数 φ_0 称为同步附着系数。它是反映汽车制动性能的一个重要参数,它说明前后制动器制动力为固定比值的汽车只有在附着系数为 φ_0 的路面上制动时,才能使前后轮同时抱死。

同步附着系数由汽车的结构参数决定,主要根据道路条件和常用车速来选择。

图 4-8　某货车的 β 线与 I 曲线

4. 汽车在各种路面上的制动情况分析

利用 β 线与 I 曲线的配合,就可以分析前后制动器制动力具有固定比值的汽车在各种路面上的制动情况。

(1)在 $\varphi < \varphi_0$ 的路面上,I 曲线位于 β 线的上方,前后车轮不能同时抱死。设 $\varphi_0 = 0.55$,如在 $\varphi = 0.3$ 的路面上,当制动系统压力为 P_{p1} 时,前轮制动器制动力 $F_{\mu 1}$ 达到附着极限等于

$F_{\varphi 1}$，后轮制动器制动力只达到 $F_{\mu 2}$，小于后轮附着力 $F_{\varphi 2}$，只有当制动系统压力由 P_{p1} 增加到 P_{p2} 时，后轮才能达到附着力 $F_{\varphi 2}$。因此，在 $\varphi < \varphi_0$ 的路面上制动时，前轮先于后轮抱死拖滑。

此时汽车处于稳定状态，但失去转向能力。

(2) 在 $\varphi > \varphi_0$ 的路面上，I 曲线位于 β 线的下方，这时前后轮也不能同时抱死拖滑。设 $\varphi_0 = 0.55$，如在 $\varphi = 0.70$ 的路面上，当制动系统压力为 P_{p1} 时，后轮制动器制动力 $F_{\mu 2}$ 达到附着极限等于 $F_{\varphi 2}$，前轮制动器制动力只达到 $F_{\mu 1}$，小于前轮附着力 $F_{\varphi 1}$，只有当制动系统压力由 P_{p1} 增加到 P_{p2} 时，前轮才能达到附着力 $F_{\varphi 1}$。因此，在 $\varphi > \varphi_0$ 的路面上制动时，后轮先于前轮抱死拖滑。

此时，汽车处于不稳定状态，易发生后轴侧滑甚至甩尾现象，造成交通事故。

(3) 在 $\varphi = \varphi_0$ 的路面上，不言而喻，在制动时汽车的前后轮将同时抱死，此时的减速度为 $g_{\varphi 0}$，即 $0.55g$，这也是一种稳定工况，但也失去转向能力。

(4) 由此可见，当 β 线位于 I 曲线下方，制动时总是前轮先抱死，此时汽车丧失转向能力；当 β 线位于 I 曲线上方，制动时总是后轮先抱死，因而容易发生后轴侧滑使汽车失去方向稳定性。前后轮同时抱死时，制动效果最好，附着条件利用也最好，但汽车也会失去转向能力。

五、汽车制动性能的影响因素

1. 道路条件的影响

道路的附着系数 φ 限制了最大制动力，故它对汽车的制动性有很大的影响。当制动的初速度相同时，随着 φ 值的减小，制动距离随之增加。由于冰雪路面上的附着系数特别小，所以制动距离增大。特别要注意，在冰雪坡道上的车辆，应充分利用发动机制动。有计算表明，在冰雪路面上，利用发动机制动的辅助作用可使制动距离缩短 20% ~ 30%。在冰雪路面上制动时方向稳定性变坏，当车轮被制动到抱死时，侧滑的危险程度将更大。汽车在冰雪路面上行驶时，最好应加装防滑链。

2. 车轮制动器的影响

车轮制动器的摩擦副、制动鼓的构造和材料，对于制动器的摩擦力矩和制动效能的热衰退都有很大影响。在设计制造中，应选用好的结构形式及材料，在使用维修中也应注意摩擦片的选用。

制动器的结构形式不同，其制动器效率也不同。制动器效能因数大，则在制动鼓半径和制动器张力相同的条件下，制动器所能产生的制动力矩也大。但当制动器摩擦副的摩擦系数下降时，其制动力矩将显著下降，制动性能的稳定性较差。

制动器的技术状况不仅和设计制造有关，而且和使用维修情况有密切关系。制动摩擦片与制动鼓的接触面积不足或接触不均匀，都将降低制动摩擦力矩。另外，局部接触的面积和部位不同，也将引起制动性能的差异。

制动摩擦片的表面不清洁，如沾有油、水或污泥，则摩擦系数将减小，制动力矩即随之降低。如汽车涉水之后，水渗入制动器，其摩擦系数将急剧下降 20% ~ 30%。

3. 制动初速度的影响

制动初速度高时，需要通过制动消耗的运动能量也大，故制动距离会延长。制动初速度愈高，通过制动器转化产生的热量也愈多，制动器的温度上升也愈大。制动蹄片的摩擦性能会随温度的升高而降低,导致制动力衰减,制动距离增长。

4.汽车载质量的影响

对于载质量较大的汽车。因前后轮的制动器设计原因,一般不能保证在任何道路条件下都使其制动力同时达到附着极限,所以汽车的制动距离就会由于载质量的不同而发生差异。实践证明,对于载质量为3t以上的汽车,大约载质量每增加1t,其制动距离平均要增加1.0m。即使是同一辆汽车,在装载质量和方式不同时,由于重心位置变动,也会影响汽车的制动距离。

5.轴间负荷分配的影响

汽车的制动性与汽车的结构及其使用条件有关。例如,汽车轴间负荷的分配、载质量、制动系的结构、利用发动机制动的情况、行驶速度、道路情况、驾驶方法等,均对制动过程有很大影响。

汽车制动时,前轴负荷增加,后轴负荷减小。如果前后轮制动器制动力根据轴间负荷的变化分配,符合理想分配的条件,则前后轮同时抱死。如果前后轮制动器制动力的比例为定值,则只有在具有同步附着系数的路面上,前后轮才能同时抱死。当 $\varphi > \varphi_0$ 时,后轮先抱死;当 $\varphi < \varphi_0$ 时,前轮先抱死。空载时,总是后轮先抱死。

6.驾驶技术的影响

驾驶技术对汽车制动性有很大影响。制动时,如能保持车轮接近抱死而未抱死的状态,便可获得最佳的制动效果。经验证明,在制动时,如迅速交替地踩下和放松制动踏板,即可提高其制动效果。因为,此时车轮边滚边滑,轮胎着地部分不断变换,故可避免由于轮胎局部剧烈发热胎面温度上升而降低制动效果。在紧急制动时,驾驶员如能急速踩下制动踏板,则制动系的协调时间将缩短,从而缩短制动距离。在光滑路面上不可猛烈踩制动踏板,以免因制动力过大而超过附着极限,导致汽车侧滑。

为了驾驶的安全,人们应该掌握汽车制动系统的性能状态,这就必须通过科学的检测来实现。

任务二　汽车制动性能检测

一、汽车制动性检测的相关标准

根据《机动车运行安全技术条件》(GB 7258—2012)中有关检测站需进行的汽车制动性检测项目与相应技术条件兼容了《汽车维护、检测、诊断技术规范》(GB/T 18344—2001),故以《机动车运行安全技术条件》(GB 7258—2012)为主进行介绍。

《机动车运行安全技术条件》(GB 7258—2012)中除了对汽车制动系提出了主要技术条件外,还分别规定了台试检验制动性能与路试检验制动性能的检测项目、检测方法与相应的技术要求。

(1)制动力要求:汽车、汽车列车在制动检验台上测出的制动力应符合表4-1的要求。对空载检验制动力有质疑时,可用表4-1规定的满载检验制动力要求进行检验。

(2)制动力平衡要求:在制动力增长全过程中,同时测得的左右轮制动力差的最大值,与全过程中测得的该轴左右轮最大制动力中大者之比,前轴不应大于20%,后轴(及其他轴)在轴制动力不小于该轴轴荷的60%时不应大于24%;当后轴(及其他轴)制动力小于该轴轴荷的60%时,在制动力增长全过程中,同时测得的左右轮制动力差的最大值不应大于该轴轴荷的8%。

台 试 检 验 要 求　　　　　　　　　　　　　　　　　　　表4-1

机动车类型	制动力总和与整车质量的百分比		轴制动力与轴荷①的百分比	
	空载	满载	前轴	后轴
三轮汽车	≥45		—	≥60②
乘用车、总质量不大于3500kg的货车	≥60	≥50	≥60②	≥20②
其他汽车、汽车列车	≥60	≥50	≥60②	—

注:①用平板制动检验台检验乘用车时应按动态轴荷计算。

　　②空载和满载状态下测试均应满足此要求。

(3)汽车的制动协调时间,液压制动的汽车不应大于0.35s,气压制动的汽车不应大于0.60s;汽车列车和铰接客车、铰接式无轨电车的制动协调时间不应大于0.80s。

(4)汽车车轮阻滞力要求:进行制动力检验时,各车轮的阻滞力均不应大于车轮所在轴轴荷的5%。

(5)驻车制动性能检验。当采用制动检验台检验汽车和正三轮摩托车驻车制动装置的制动力时,机动车空载,乘坐一名驾驶员,使用驻车制动装置,驻车制动力的总和不应小于该车在测试状态下整车质量的20%(总质量为整备质量1.2倍以下的机动车,为不小于15%)。

(6)当机动车经台架检验后对其制动性能有质疑时,可用规定的路试检验进行复检,并以满载路试的检验结果为准。

(7)汽车制动完全释放时间(从松开制动踏板到制动力消除所需要的时间),不应大于0.80s。

(8)空载检验时,对于气压制动系,气压表的指示气压≤600kPa;对于液压制动系,踏板力,乘用车≤400N;其他机动车≤450N。

二、制动性能检测项目

1. 路试检测项目

制动性能路试检测的项目主要有:

(1)制动距离。

(2)充分发出的平均减速度。

(3)制动稳定性。

(4)制动协调时间。

(5)驻车制动坡度。

2. 台试检测项目

制动性能台试检验是在室内制动试验台上进行的,其主要检测项目为:

(1)制动力。

(2)制动力平衡要求。

(3)车轮阻滞力。

(4)制动协调时间。

三、制动性能检测设备

1.路试制动性能检测设备——第五轮仪

在道路试验中检测车辆的整车性能时,经常要使用五轮仪,以测出车辆行驶的距离、时间和速度。当五轮仪用于检测车辆的制动性能时,能测出制动距离、制动时间和制动初速度。

结构原理:在进行车辆道路试验时,为了测量车辆的行程和速度,虽然可以利用汽车的里程表和速度表,但这种方法不够准确。因为车辆驱动轮的滚动半径直接受着驱动力矩、地面对轮胎的切向反作用力、车轴载荷、轮胎气压及磨损程度等因素的影响。此外,车用里程表和速度表本身的精度也较低。为了消除这些因素对测量精度的影响,在车辆旁边附加一个测量用的轮子,故称第五轮仪。第五轮仪一般由传感器部分和记录仪部分组成,并附带一个脚踏开关。传感器部分与记录仪部分由导线(信号线)连接。脚踏开关带有触点的一端套在制动踏板上,另一端接在记录仪上。

(1)传感器部分

传感器部分的作用是把汽车行驶的距离变成电信号。它一般由充气车轮、传感器、支架、减振器和连接装置等组成,如图4-9所示。充气车轮为轮胎式,安装在支架上,支架通过连接装置固定在汽车的侧面或尾部的车身上。在减振器压簧的作用下,充气车轮紧贴地面,并随汽车的行驶而滚动。当充气车轮在路面上滚动一周时,汽车行驶了充气车轮周长的距离。在充气车轮中心处安装有传感器,可以把轮子在路面上滚动的距离变成电信号。

常用的传感器有光电式和磁电式两种类型。

图4-9 五轮仪的传感器部分

1-下臂;2-调节机构;3-固定板;4-上臂;5-手把;6-活节头;7-立架;8-减振器;9-支架;10-充气车轮;11-传感器

①光电式传感器是在轮子的中心一侧固定有圆形的光孔板,其上沿圆周均布有若干小孔,在小孔的两侧分别装有光源和光敏管。光源和光敏管固定在支架上。当轮子转动时,光孔板随之转动。每转过一个小孔,光源的光线穿过小孔照射光敏管一次,光敏管就产生一个电脉冲信号,并通过导线送入记录仪。国产 F15-3 型五轮仪使用的光孔板加工有 155 个小孔,轮子旋转一周传感器发出 155 个电信号。

②磁电式传感器也是安装在轮子的中心,由永磁环、线圈、内齿环、外齿盘和车轴等组成,并形成闭合磁回路。内齿环沿圆周加工有内齿,与充气车轮固装在一起。外齿盘沿圆周加工有外齿与车轴固装在一起,车轴固装在支架上,工作中不转动。当轮子旋转时,内齿环围绕外齿盘转动,二者之间的间隙发生变化,于是闭合磁路的磁阻发生变化,通过线圈的磁通量发生变化,线圈两端则输出类似正弦波的电信号。国产 WLY-5 型微机五轮仪使用的外齿盘上加工有 176 个齿,当轮子旋转一周时,传感器发出 176 个电信号。轮子周长为 1760mm,随轮胎充气压力的变化而变化。

(2)记录仪部分

记录仪部分的作用是把传感器送来的电信号和内部产生的时间信号,进行控制、计数并计算出车速,然后指示出来。电子式记录仪,如 PT5-3 型五轮仪的记录仪,是由测距、测时、测速、音响和稳压等部分组成的,整机各元件均安装在一个金属盒子内,从传感器送来的电信号,经整形电路整形成矩形脉冲后通过控制器。其中,一路送入测距电路进行测距计数,再经数据选择器及译码器由荧光数码管直接显示汽车行驶距离;另一路送入车速计数电路,通过时标电路以 0.36s 瞬时车速值通过寄存器、译码器,由另一组数码管直接显示汽车行驶速度。测时则是把从石英谐振器经分频电路取出的 1kHz 频率,通过控制器送入测时计数器进行以毫秒为单位的测时计数,并通过数据选择器、译码器,由荧光数码管直接显示汽车行驶时间。制动系反应时间的检测是通过一个传感器——附有磁钢的摆锤完成的。当车辆制动时,从驾驶员的脚踩上制动踏板(脚踏开关的触点闭合)时开始时间计数,到车辆刚出现减速度,摆锤因惯性作用向前摆动时,干簧管受摆锤磁钢影响闭合后送出闭合信号,数码管立即停止时间显示,从而测出制动系的反应时间。

套在制动踏板上的脚踏开关,当驾驶员踩制动踏板时闭合,动作通过导线输入记录仪作为测量制动距离、制动系反应时间和制动全过程时间等的开始信号。

2. 反力式滚筒制动检测台

反力式滚筒制动检验台的结构简图如图 4-10 所示。它由结构完全相同的左右两套对称的车轮制动力测试单元和一套指示、控制装置组成。每一套车轮制动力测试单元由框架(多数试验台将左右测试单元的框架制成一体)、驱动装置、滚筒组、举升装置、测量装置等构成。

图 4-10 反力式制动检验台结构简图
1-力臂;2-传感器;3-链条;4-滚筒;5-铭牌;6-举升器;7-减速器;8-电动机

驱动装置由电动机、减速器和链传动组成。电动机经过减速器减速后驱动主动滚筒,主动滚筒通过链传动带动从动滚筒旋转。减速器输出轴与主动滚筒同轴连接或通过链条、传动带连接,减速器壳体为浮动连接(即可绕主动滚筒轴自由摆动)。减速器的作用是减速增矩,其减速比根据电动机的转速和滚筒测试转速确定。由于测试车速低,滚筒转速也较低,范围一般在 40～100r/min。因此,要求减速器减速比较大,一般采用两级齿轮减速或一级蜗轮蜗杆减速与一级齿轮减速。

每一车轮制动力测试单元设置一对主、从动滚筒。每个滚筒的两端分别用滚筒轴承与轴承座支撑在框架上,且保持两滚筒轴线平行。滚筒相当于一个活动的路面,用来支撑被检车辆的车轮,并承受和传递制动力。汽车轮胎与滚筒间的附着系数将直接影响制动检验台所能测得的制动力大小。为了增大滚筒与轮胎间的附着系数,滚筒表面都进行了相应的加工与处理,目前,采用较多的有:开有纵向浅槽的金属滚筒、表面粘有熔烧铝矾土砂粒的金属滚筒、表面具有嵌砂喷焊层的金属滚筒、喷焊层材料选用 NiCrBSi 自熔性合金粉末及钢砂、高硅合金铸铁滚筒、表面带有特殊水泥覆盖层的滚筒。

滚筒直径与两滚筒间中心距的大小,对检验台的性能有较大影响。滚筒直径增大有利于改善与车轮之间的附着情况,增加测试车速,使检测过程更接近实际制动状况。但必须相应增加驱动电机的功率,而且随着滚筒直径增大,两滚筒间中心距也需相应增大,才能保证合适的安置角。这样,使检验台结构尺寸相应增大,制造要求提高。依据实际检测的需要,推荐使用直径为245mm左右的制动台。

制动力测试装置主要由测力杠杆和传感器组成。测力杠杆一端与传感器连接,另一端与减速器壳体连接,被测车轮制动时测力杠杆与减速器壳体将一起绕主动滚筒(或绕减速器输出轴、电动机枢轴)轴线摆动。传感器将测力杠杆传来的、与制动力成比例的力(或位移)转变成电信号,输送到指示、控制装置。传感器有应变测力式、自整角电机式、电位计式、差动变压器式等多种类型。早期的日式制动试验台多采用自整角电机式测量装置,而欧式以及近期国产制动检验台多用应变测力式传感器。

为了便于汽车出入制动检验台,在主、从动两滚筒之间设置有举升装置。该装置通常由举升器、举升平板和控制开关等组成。举升器常用的有气压式、电动螺旋式、液压式3种形式。目前,制动试验台控制装置大多数采用电子式。为提高自动化与智能化程度,有的控制装置中配置计算机。指示装置有指针式和数字显示式两种。带计算机的控制装置多配置数字显示器,但也有配置指针式指示仪表的。

进行车轮制动力检测时,被检汽车驶上制动试验台,车轮置于主、从动滚筒之间,放下举升器(或压下第三滚筒,装在第三滚筒支架下的行程开关被接通)。通过延时电路起动电动机,经减速器,链传动和主、从动滚筒带动车轮低速旋转,待车轮转速稳定后驾驶员踩下制动踏板。车轮在车轮制动器的摩擦力矩作用下开始减速旋转。此时,电动机驱动的滚筒对车轮轮胎周缘的切线方向作用制动力以克服制动器摩擦力矩,维持车轮继续旋转。与此同时,车轮轮胎对滚筒表面切线方向附加一个与制动力方向反向等值的反作用力,在反作用力矩作用下,减速机壳体与测力杠杆一起朝滚筒转动相反方向摆动,测力杠杆一端的力或位移量经传感器转换成与制动力大小成比例的电信号。从测力传感器送来的电信号经放大滤波后,送往 A/D 转换器转换成相应数字量,经计算机采集、储存和处理后,检测结果由数码显示或由打印机打印出来。打印格式或内容由软件设计而定。一般可以把左右轮最大制动力、制动力和、制动力差、阻滞力和制动力—时间曲线等一并打印出来。

由于制动力检测技术条件要求是以轴制动力占轴荷的百分比来评判的,对总质量不同的汽车来说是比较客观的标准。为此,除了设置制动检验台外,还必须配置轴重计或轮重仪,有些复合式滚筒制动试验台装有轴重测量装置。

《机动车安全运行技术条件》(GB 7528—2012)中,定义制动协调时间是从驾驶员踩下制动踏板的瞬间作为起始计时点的,为此,在制动测试过程中,必须由驾驶员通过套装在汽车制动踏板上的脚踏开关向试验台指示、控制装置发出一个"开关"信号,开始时间计数,直至制动力与轴荷之比达到标准规定值的75%时瞬间为止。这段时间历程即为制动协调时间,通常可以通过检验台的计算机执行相应程序来实现。

目前,采用的反力式滚筒制动检验台对具有制动防抱死系统(ABS)的汽车制动系的制动性能还无法进行准确的测试。其主要原因是,这些试验台的测试车速较低,一般不超过5km/h,而现代防抱死系统均在车速 10~20km/h 以上起作用,所以在上述试验台上检测车轮制动力时,车辆的制动防抱死系统不起作用,只是相当于一个对普通的液压制动系统的检测过程。

四、制动性能检测方法

1. 路试制动性能检测方法

路试制动性能检测应在符合道路试验条件的道路上进行。试验路面应为平坦(坡度不超过1%)、干燥和清洁的水泥或沥青路面。轮胎与路面之间的附着系数不小于0.7,风速不大于5m/s。

在试验路面上,应画出与标准中规定的制动稳定性要求相一致宽度的试车道边线。被测车辆沿着试验车道的中线行驶至高于规定的初速度后,置变速器于空挡。当滑行到规定的初速度时,急踩制动踏板,使车辆停住。

用速度计、第五轮仪或用其他测试方法测量车辆的制动距离。

用速度计、制动减速度仪或用其他测试方法测量车辆充分发出的平均减速度(MFDD)与制动协调时间。充分发出的平均减速度可以在测得相关参数后用以下公式进行计算:

$$MFDD = \frac{v_b^2 - v_e^2}{25.92(S_e - S_b)} \quad (m/s^2) \tag{4-18}$$

式中:$MFDD$——充分发出的平均减速度,m/s^2;

v_b——0.8v_0,试验车速,km/h;

v_e——0.1v_0,试验车速,km/h;

S_b——试验车速从v_0到v_b之间车辆行驶的距离,m;

S_e——试验车速从v_0到v_e之间车辆行驶的距离,m。

2. 台试制动性能检测方法

台试法检测制动性能不受外界条件的限制,重复性较好,能定量测得各轮的制动全过程。有利于分析前、后轴制动力的分配及每轴制动力的平衡状态、制动协调时间等参数,给故障诊断提供可靠依据。所以台试法已成为汽车诊断与检验的发展方向,在国内外获得了广泛应用,但台试法需要大型设备与厂房,需要检测车辆各轮的制动力、每轴左右轮在制动力增长全过程中的制动力差、制动协调时间、车轮阻滞力和驻车制动力等参数值,并记录车轮是否抱死。

下面以反力式滚筒制动试验台为例,说明台式制动性能检测方法:

(1)检验前仪器及车辆准备:检验台滚筒表面清洁,无异物及油污,仪表清零;车辆轮胎气压、花纹深度符合标准规定,胎面清洁;将踏板力计装到制动踏板上。

(2)检验程序:车辆正直居中驶入,将被测轮停放在制动台前后滚筒间,变速器置于空挡;降下举升器、起动电动机2s后,保持一定采样时间(5s),测得阻滞力;检验员在显示屏提示踩制动踏板后,缓踩制动踏板到底后松开,测得左右轮制动增长全过程数值;若检验驻车制动,则拉紧驻车制动操纵装置,测得驻车制动力数值;电动机停转,举升器升起,被测轮驶离。按以上程序依此测试其他车轴;卸下踏板力计,车辆驶离。

(3)注意事项:车辆进入检验台时,轮胎不得夹有泥、砂等杂物,除驾驶员外不得有其他乘员;测制动时不得转动转向盘;在制动检验时,车轮如在滚筒上抱死,制动力未达到要求时,可换用路试或其他方法检验。

思考题四

1. 如何评价汽车制动性?
2. 哪些因素会影响汽车的制动距离?
3. 常见家庭用轿车制动性能要求有哪些?
4. 有哪几种制动试验台,各有什么特点?
5. 试述汽车制动性能检测的步骤。
6. 制动性能台试检测项目有哪些?
7. 分析一下第五轮仪的作用。

学习情境五 汽车的操纵稳定性与检测

某客户到4S店进行车辆维修,并描述他的桑塔纳3000轿车行驶中容易跑偏,尤其是下雨天,有时需要紧握转向盘才能控制方向。

客户的桑塔纳3000轿车行驶中跑偏,要求给予维修。

要完成这个工作任务,首先要在熟悉汽车转向系统的结构及工作原理的基础上,知道汽车的转向特性,能对汽车的转向性能进行检测并对其特性进行评价。下面就分步来完成本学习情景的学习任务。

任务一 汽车的转向特性评价

一、汽车的转向特性

汽车的等速圆周行驶,即汽车转向盘角阶跃输入下进入的稳态响应,是表征汽车操纵稳定性的一个重要的时域响应,一般也称它为汽车的稳态转向特性。汽车的稳态转向特性分为三种类型:不足转向、中性转向和过多转向,如图5-1所示。

图5-1 汽车的三种稳态转身特性

1.不足转向

在转向盘保持一固定转角 δ_{sw} 下,缓慢加速或以不同车速等速行驶时,随着车速的增加,不足转向汽车的转向半径 R 增大。

2.中性转向

中性转向汽车的转向半径在车速增加过程中维持不变。

3.过多转向

过多转向汽车的转向半径随着车速的增加将越来越小。

操纵稳定性良好的汽车应具有适度的不足转向特性。一般汽车不应具有过多转向特性,也不应具有中性转向特性,因为中性转向特性汽车在使用条件变动时,有可能转变为过多转向特性。

二、汽车转向特性的影响因素

汽车只有具有适度的不足转向特性时才具有良好的操纵稳定性,改变汽车的转向特性就会使汽车失去良好的稳定性,其影响因素有以下几点:

1.轮胎气压的影响

前轮气压低于规定值,会使汽车不足转向性增大,转向灵敏度即横摆角速度增益下降;

而后轮气压过低,会使后轮的侧偏角加大,甚至使原来是不足转向性的汽车变为过多转向性汽车,对操纵稳定性带来严重不良影响。

2. 驱动形式的影响

转向时,施加于轮胎上的切向力增加,轮胎的侧偏刚度将会下降,使产生的侧偏角增加。因此,后轮驱动的车辆,转向时施加驱动力,会使后轮侧偏角增加,有减少不足转向性、向过多转向性转化的倾向;前轮驱动的汽车,转向时施加驱动力,会使前轮侧偏角增加,有增加不足转向性的作用。

3. 轮胎结构的影响

不同结构(帘布层数、扁平率等)、不同形式(子午线轮胎、普通斜交轮胎)的轮胎,侧偏刚度不同,可能使汽车具有过多转向性。

子午线轮胎和普通斜交帘线轮胎在车上混合装用对汽车的操纵性有严重影响。子午线轮胎侧偏刚度大,若仅前轮改用午线轮胎,可使前轮侧偏角减少,如果小于后轮侧偏角,可使原为不足转向性的汽车变为过多转向性汽车。

扁平率小的宽轮胎,侧偏刚度大,产生的侧偏角小。因此,如仅前轮换用扁平率小的轮胎,有使汽车产生过多转向的倾向;如仅后轮换用,则有汽车呈不足转向的倾向。

4. 汽车的质量分配与车轮侧偏刚度匹配的影响

在汽车设计及改装中,应使汽车的质量在前后轴上的分配与车轮的侧偏刚度相适应,使稳定性因数 $K>0$,以保证汽车的不足转向性。

前置发动机前驱动的轿车,前轴上的轴荷较大,转弯时前轴承担的离心惯性力较大,在前后车轮侧偏刚度相同的情况下,前轮会产生较大的侧偏角,故趋向于呈不足转向性。反之,后置发动机后驱动的轿车则趋向于呈过多转向性。

三、汽车转向盘自由转动量和转向力的检测

转向盘自由转动量,是指汽车转向轮保持直线行驶位置静止不动时,左右轻轻晃动转向盘测得的游动角度。转向盘的转向力,是指在一定行驶条件下,作用在转向盘外缘的圆周力。这两个诊断参数主要用来诊断转向轴和转向系中各零件的配合状况。该配合状况直接影响到汽车的操纵稳定性和行车安全性,因此,对于在用车辆应对上述两项参数进行检测。

1. 转向参数测量仪的结构和工作原理

转向参数测量仪是用于检测转向盘自由转动量和转向力的仪器。如图5-2所示是国产ZC-2型的转向参数测量仪,该测量仪是以微机为核心的智能仪器,该仪器由操纵盘、主机箱、连接叉和定位杆四部分组成。

操纵盘由螺钉固定在三爪底板上,底板经力矩传感器与三个连接叉相连,每个连接叉上都有一只可伸缩长度的活动卡爪,以便与被测转向盘相连接。主机箱为一圆形结构,固定在底板中央,其内装有接口板、微机板、转角编码器、打印机、力矩传

图5-2 国产ZC-2型的转向参数测量仪
1-连接叉;2-操纵盘;3-打印机;4-显示器;5-定位杆;6-固定螺钉;7-电源开关;8-电压表;9-主机箱

感器和电池等。定位杆从底板下伸出,经磁力座吸附在驾驶室内的仪表板上。定位杆的内端连接有光电装置,光电装置装在主机箱内的下部。

测量时,把转向参数测量仪对准被测转向盘中心,调整好三个连接叉上伸缩卡爪的长度,与转向盘连接并固定好。转动操纵盘,转向力通过底板、力矩传感器、连接叉传递到被测转向盘上,使转向盘转动以实现汽车转向。此时,力矩传感器将转向力矩转变成电信号,而定位杆内端连接的光电装置则将转角的变化转变成电信号。这两种电信号由微机自动完成数据采集、转角编码、运算、分析、存储、显示和打印。因此,使用该测量仪既可测得转向盘的转向力,又可测得转向盘的自由转动量。

2. 转向参数测量仪的使用方法

(1)转向盘自由转动量的检测方法

①测量时,应使汽车的两转向轮处于回正状态,并将车停稳,固定转向参数测量仪。

②调整转向参数测量仪的角度和转矩的零点。

③轻轻向左(或向右)转动转向参数测量仪的操纵盘至某一侧的极限位置(刚克服完自由间隙时的位置),记录角度值,然后再旋转至另一侧的限位置,记录角度值,两个角度值的绝对值之和就是转向盘的自由转动量。

(2)转向力检测方法

①将汽车转向轮置于转角盘上,安装、固定好转向参数测量仪。

②调整转向参数测量仪的角度和转矩的零点。

③转动转向参数测量仪的操纵盘,使转向轮达到原厂规定的最大转角,记录全过程中转向力矩的最大值,然后再除以转向盘的直径(单位:m)就得到了最大转向力。

检测时,注意车轮能否转动到极限位置或是否与其他部件发生干涉现象。

(3)检测标准

①转向盘的最大自由转动量。国家标准《机动车运行安全技术条件》(GB 7258—2012)规定:最大设计车速≥100km/h 的机动车的转向盘从中间位置向左或向右的转角不得大于10°,最大转动量小于20°;最小设计车速≤100km/h 的机动车的转向盘从中间位置向左或向右的转角不得大于15°。

②转向力。国家标准《机动车运行安全技术条件》(GB 7258—2012)规定:机动车在平坦、硬实、干燥和清洁的水泥或沥青道路上行驶,以 10m/h 的速度在 5s 内沿螺旋线从直线行驶过渡到直径为 24m 的圆周行驶,施加于转向盘外缘的最大切向力应不大于 254N。

(4)检测结果分析

转向盘的自由转动量的大小关系到汽车行驶中的操纵稳定性和汽车的安全性,同时也影响驾驶员的劳动强度。自由行程过大,造成行驶中操纵动力性下降,驾驶员劳动强度加大,紧急情况下汽车安全性明显下降;自由行程过小,行驶中驾驶员必须高度集中注意力,容易造成驾驶员疲劳,同时也会造成过小转向特性,形成“激转”影响汽车的安全性。

转向盘自由转动量超标主要有以下几个方面的原因:转向盘与转向轴的连接松旷;转向器内主、从动啮合部位松旷或主、从动部分的轴承松旷;纵、横转向拉杆的球头连接松旷;纵、横转向拉杆臂与转向节的连接松旷;转向节与主销配合松旷。

转向盘的转动阻力是评价转向盘转动是否灵活、轻便的量化指标。转动阻力大,会增加驾驶员的劳动强度和影响行车安全。汽车在行驶中,驾驶员向左(右)转动转向盘时,就会感到沉重费力无回正感;汽车低速转弯或掉头时,转动转向盘就更加费力。

转向盘转动阻力超标主要有以下几个方面的原因：轮胎气压不足；转向器主动部分轴承预紧力太大或从动部分与衬套配合太紧；转向器主、从动部分啮合调整太紧；转向器无油或缺油；转向节与主销配合太紧或缺油；纵、横转向拉杆的球头连接调整太紧或缺油；与转向盘连接的转向轴弯曲或其套管凹瘪，造成刮碰。

汽车的行驶跑偏与汽车的四轮定位有很大关系，在实际中，常常用侧滑检测来汽车前轮的有关定位参数。

任务二 汽车侧滑检测

一、汽车侧滑的产生及其影响

侧滑一般是指车轮在前进过程中的横向滑移现象。造成侧滑的原因，既可能由车轮定位（即车轮各个角度参数）不合适所引起，也可能由于紧急制动时车轮"抱死"所造成。这里仅讨论由于前轮定位不当导致的侧滑问题。

一般来说，前轮是汽车的转向轮，为了保证汽车具有良好的操纵稳定性，前轮所在平面以及主销轴线总是设计成与汽车的纵向或横向铅垂面呈一定角度。这些角度参数包括主销内倾角、主销后倾角、前轮外倾角和前轮前束，合称前轮定位参数。

前轮外倾角如图5-3所示。其作用一方面是为了避免汽车承重后，前梁变形引起前轮出现内倾，从而加速轮胎的磨损和加大轮毂外侧轴承负荷。同时，有了外倾角也可以适应拱形路面。

车轮有了外倾角以后，在滚动时，就会类似于圆锥的滚动，出现两个车轮试图向各自的外侧滚开的趋势。由于受到横直拉杆和车桥的约束不可能向外滚开，于是车轮将在地面上出现边滚边滑（向内）的现象，从而增加了轮胎磨损。

为了消除前轮外倾带来的不良后果，在安装前轮时，人为地使两轮中心平面不平行。在沿前进方向上，两轮前端距离小于后端距离。如图5-4所示，B 与 A 之差就称为前束值。

图5-3 前轮外倾角
1-前轮外倾角；2-地面垂线

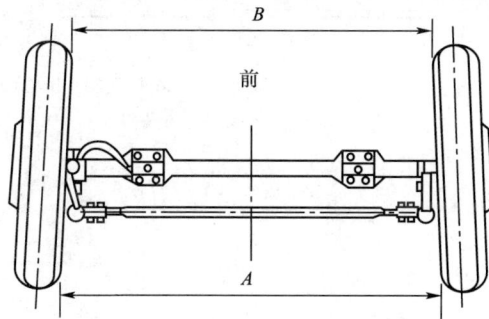

图5-4 前轮前束

由于前束的作用，车轮在前进时，两轮试图向内侧滚动。同样，由于机械上的约束，车轮不可能向内侧滚动，这就又出现了车轮边滚动边向外滑的现象（或存在这种倾向）。

为保证汽车转向轮无横向滑移的直线滚动，要求车轮外倾角和车轮前束有适当配合。当车轮前束值与车轮外倾角匹配不当时，车轮就可能在直线行驶过程中不做纯滚动，产生侧向滑移现象。当侧滑量太大时，会引起汽车行驶方向不稳、转向沉重、增加轮胎磨损、加大燃油消耗,甚至会导致交通事故。因此,在对汽车的定期检验中,侧滑检测是必不可少的检验项目之一。

二、侧滑试验台的结构与测量原理

1. 双板联动式侧滑试验台的结构

侧滑检验台是使汽车在滑动板上驶过时,用测量滑动板左右移动量的方法来测量前轮侧滑量的大小和方向,并判断是否合格的一种检测设备。目前,国内侧滑检验台有单板侧滑检验台和双板联动式侧滑检验台,这里以双板联动式侧滑检验台为例进行介绍。

侧滑试验台主要包括机械和电气两大部分。机械部分主要有滑板、联动机构以及滚轮、弹簧等,电气部分主要有传感器、信号放大处理电路以及指示仪表等。侧滑试验台种类较多,不过其机械部分大同小异,主要差别在于电气仪表部分。

(1)机械部分

机械部分的结构原理见图 5-5。两块滑板分别支撑在各自 4 个滚轮上,每块滑板通过与其连接的导向轴承(图中未画出)在导轨内滚动,保证了滑板能够沿左右方向滑动而限制了其纵向的运动。左右滑板通过中间的三连杆机构连接起来,从而保证两块滑板做同时向内或同时向外的运动。相应的位移量通过位移传感器转换成电信号,经放大处理后送到指示仪表。

复位弹簧可以起到自动复位的作用,以使滑板在不受力时能够保持中间位置(零位)。

图 5-5　双滑板式侧滑试验台结构示意图

1-复位弹簧;2-联动机构;3-左滑板;4-滚轮;5-位移传感器;6-右滑板

(2)电气部分

电气部分按传感器的种类不同而有所区别。目前,常用的位移传感器有电位计式和差动变压器式两种。

①电位计式测量装置。其原理非常简单,将一个可调电阻安装在侧滑检验台底座上,其活动触点通过传动机构与滑板相连,电位计两端输入一个固定电压(如 5V),中间触点随着滑板的内外移动也发生变化,输出电压也随之在 0 ~ 5V 之间变化,把 2.5V 左右的位置作为侧滑台的零点,如果滑板向外移动,输出电压大于 2.5V,达到外侧极限位置输出电压为 5V。滑板向内移动,输出电压小于 2.5V,达到内侧极限输出电压为 0V。这样,仪表就可以通过 A/D 转换将侧滑传感器电压转换成数字量,并送入单片机处理,得出侧滑量的大小。

②差动变压器式测量装置。原理与电位计式类似,只是电位计式输出一个正电压信号,而差动变压器式输出的是正负两种信号。把电压为 0 时的位置作为零点。滑板向外移动输

出一个大于 0V 的正电压,向内移动输出一个小于 0V 的负电压。同样,仪表就可以通过A/D转换将侧滑传感器电压转换成数字量,并送入单片机处理,得出侧滑量的大小。

③指示仪表。指示仪表可大致分为指针式和数字式两类。前述自整角机式测量装置一般连接指针仪表,而差动变压器式则多连接数字式仪表。目前,检测站较普遍使用的是数字式仪表。数字仪表多为智能化仪表,实际上它往往就是一个单片机系统,因而具有较强的功能。不过指针式仪表也有它的优点,就是结构简单、维修方便,并且也很直观。目前,两类仪表都在使用。

④释放板的作用。《机动车安全技术检验项目和方法》(GB 21861—2008)要求侧滑台具有车轮应力释放功能。车轮在驶入侧滑台前,由于车轮侧滑量的作用,车轮与地面间接触产生的横向应力迫使车轮产生变形,在驶上侧滑板的瞬间将迅速释放并引起滑板移动量大于实际侧滑量引起的位移;在驶出滑板的瞬间已接触地面部分的轮胎将积聚应力阻碍滑板移动,从而使滑板位移量小于实际值。

因此,近年来陆续出现了前后带应力释放板的侧滑台,以保证车轮通过中间滑板(带侧滑量检测传感器)时能得以准确测量。因进车时的应力释放对侧滑测量造成的影响比出车时大得多,考虑到成本因素,目前在进车方向带释放板的侧滑台较多。

2. 双板联动式侧滑检验台的测量原理

(1)由前束引起的侧滑作用

如图 5-6 所示,让带有前束的前轮驶过只能横向移动的滑板。由于前束的存在,每个车轮都将一边滚动、一边向外侧推动滑板。滑板被横向推动的距离应该既与前束的大小有关,又与车轮走过的距离有关。若在车轮滚过一段距离 D 之后,两块滑板外侧之间的距离由 L_1 变为 L_2,那么滑板总的滑移量是 $L_2 - L_1$,其中 $L_2 > L_1$。平均每个车轮的滑移量就是 $(L_2 - L_1)/2$。

应该指出,滑移量的出现是左右两个车轮共同作用的结果。不论两轮的偏斜情况是否对称,都不会影响以上的分析。

由于滑移量的大小与车轮驶过的距离有关,所以定义侧滑量是每驶过单位距离引起的单轮横向滑移量。从而由前束引起的侧滑量为:

图 5-6 前束引起的侧滑作用

$$S_1 = \frac{L_2 - L_1}{2D} \quad (mm/m)$$

式中:S_1——每前进 1m 时横向滑移的距离,mm/m。

(2)由前轮外倾引起的侧滑作用

如图 5-7 所示,若让仅有前轮外倾而无前束的车轮驶过滑板,由于前轮外倾力图使车轮边滚边散开的作用受到约束,前轮只能边滚边向内侧滑移,从而推动滑板向内侧移动。

与前面的分析相似,若车轮驶过距离为 D,滑板外侧间的距离由 L_1 缩短为 L_2,那么滑板总的滑移量是 $L_2 - L_1$,注意其中 $L_2 < L_1$。平均单边的滑移量仍是 $(L_2 - L_1)/2$。则前轮外倾引起的侧滑量为:$S_2 = \frac{L_2 - L_1}{2D}(mm/m)$,其中 S_2 为负值。

（3）总的侧滑量

由前轮外倾和前束引起的侧滑作用相反,总的侧滑量为:

$$S = S_1 + S_2 = d/D \quad (\text{mm/m})$$

式中:d——滑板单边滑移量,mm;

$\quad D$——滑板沿前进方向的宽度,m。

图5-7　前轮外倾引起的侧滑作用

由于 S_1 为正而 S_2 为负,故总的侧滑量为二者的代数和。

①侧滑现象是左右两个车轮共同造成的,侧滑量规定为每个轮侧滑量的平均值。

②侧滑量是有符号的。滑板向外滑时为正,表示前束的影响较大;反之,若滑板向内滑为负,表示前轮外倾的影响较大。

3.单滑板侧滑试验台的测量原理

单滑板试验台仅用一块滑板,检测时仅有一侧车轮从滑板上驶过,单滑板侧滑试验台的测量原理如图5-8所示。假设汽车左前轮从这块滑板上驶过,右前轮则从地面上驶过。由于两轮在试验中所处的地位不同,我们分两种极端情况进行分析。为了简化,先假定侧滑仅由前束造成。

（1）左轮正直,右轮有偏斜

如图5-8a)所示,假设左轮与汽车纵向平面完全平行,右轮前束时有偏斜。这是一种不对称的前束。因右轮行驶时有向内侧滚动的趋势,而左轮走在滑板上,右轮的内滚趋势受不到什么约束(我们在此忽略一些次要因素,例如汽车行驶的惯性,以及滑板相对底座的摩擦力等),这样,滑板在右侧车轮的侧向推力作用下会向左移动一段距离 b。事实上,在这种情况下,汽车的行驶方向也会向左偏斜。可以认为,此时滑板的滑移是右轮造成的。

图5-8　单滑板侧滑试验台的工作原理

（2）右轮正直,左轮有偏斜

这种情况如图5-8b)所示。由于右轮完全正直,又走在地面上,它与地面之间的附着力远远大于滑板与底座间的摩擦力。于是毫无疑问,汽车会按照直线行驶。而左轮走在滑板上的这段时间里,左轮向内侧滚动的趋势却受到约束,所以左轮只能边走边,将滑板推向左侧,滑板便会形成滑移量 c。这和前面分析前束作用时的道理是一样的。所以在这种情况下滑板的滑移是由左侧车轮造成的。

（3）总的效果

在左右车轮都有偏斜(也不论这种偏斜是由前轮外倾还是前束造成)的一般情况下,据前面分析可知,滑板的总滑移量应是左右两轮共同作用的结果。具体侧滑量的计算方法与双滑板时类似,即有:

$$S = \frac{b+c}{2D} \quad (\text{mm/m})$$

需要补充说明的是,由于双滑板与单滑板侧滑试验台的结构不同,测量机理也不同,难免造成实际测量时的误差(包括系统误差和随机误差)也常有不同。

理论分析可以证明,不论左右两侧的车轮偏斜情况是否对称,也不论这种偏斜是由前轮外倾还是前束造成的,所测量的总滑移量都是左右两轮共同作用的结果。所以单滑板与双滑板的测量效果是一样的。具体侧滑量的计算方法与双滑板测量时也是类似的。

4.侧滑试验台的操作

（1）使用前的准备

①对于指针式仪表,要预先检查机械零点再接通电源;对于数字式仪表,要按说明书要求进行通电预热。

②接通电源后,将滑板左右推动几下,待滑板静止后,检查滑板是否完全复位,看仪表指示是否为零。

③汽车轮胎保持标准气压。

④检查汽车轴重,不要超过试验台的承载能力。

（2）测量步骤

①将车辆对正试验台,并使转向盘处于正中位置。

②使车辆沿试验台板上的指示线以 3～5km/h 车速平稳驶过试验台。在行进过程中,不得转动转向盘,也不得进行制动。

③待车辆完全通过试验台后,读取仪表指示的最大值。注意侧滑量的正负号。进行记录时,应遵循如下约定:滑动板向外侧滑动,侧滑量记为负值,表示车轮向内侧滑动(即 IN);滑动板向内侧滑动,侧滑量记为正值,表示车轮向外侧滑动(即 OUT)。

（3）使用维护注意事项

①车辆通过侧滑检验台时,不得转动转向盘。

②不得在侧滑台上制动或停车。

③勿使轴荷超过检验台允许载荷的汽车驶到检验台上,以防压坏机件或压弯滑动板。

④不要在检验台上进行车辆修理维护工作。

⑤清洁时,不要将水或泥土带入试验台。应保持侧滑台滑板下部的清洁,防止锈蚀或阻滞。

侧滑试验台长期使用后,由于零件磨损等原因会造成精度下降。为保证测量精度,必须对试验台进行定期检定调整。检定调整工作按有关国家标准进行。

三、侧滑试验台的维护和调整

1.侧滑试验台的维护

(1)使用前,清除检验台盖板,滑板上的油水、泥、砂等杂物,检查活动滑板运动是否灵活。

（2）每月检查连杆机构的工作状态，各接触部位不得有移动和窜动等不良现象。

（3）当不检测时，应将滑板锁止，待测试时再打开。

（4）每三个月检查测量机构的杠杆及复位情况，如果杠杆动作不够灵活，需进行清洁与润滑工作，调整复位弹簧拉力。

（5）每六个月检查滑动板下面的滚轮、轨道并清洁泥污，紧固润滑。维护方法为拆下滑板，用溶剂清除滚轮、轨道等处的旧油，再涂上新润滑油。对于磨损严重的滚轮、导向轴轨道等可据情更换。

2. 侧滑试验台的调整

（1）调整仪表零点

侧滑试验台显示仪表依据仪表类型可分为两种调整零点形式。

①电零位调整：是利用仪表上的零点调整电位器，通过改变电阻值的大小进行调整。

②机械零位调整：是当电零位调整仍无法将仪表指针调零时，可通过机械的方法调整。如改变传感器的安装位置，改变滑臂转动角度（对于旋转电位器）或调整复位弹簧预紧力（对机械指针式显示仪表）等。

（2）调整示值

当侧滑试验台左右滑动板的示值偏大或偏小时，可通过仪表板上增益电位器进行调整。有些侧滑台的仪表板上设有两只调整增益用的电位器，对滑动板的向外（IN）和向内（OUT）可分别进行调整。

（3）调整报警判定点

有些仪表板上有电位器调整点，通过它可以方便地进行调整。当无此电位器调整点时，可用机械调整方法来解决。数字式仪表无需调整，由示值精度予以保证。

（4）调整动作力

可以通过调整复位弹簧预紧力解决，或更换复位弹簧。在测定滑动板动作力时，常可发现在滑动板移动过程中，动作力不均匀，当滑动板移到某一点时，动作力会突然增加。其主要原因是滑动板卡滞。

四、侧滑检测的标准

按国家标准《机动车运行安全技术条件》（GB 7258—2012）的规定，用侧滑试验台检测前轮侧滑量，其值不超过 5m/km。

任务三　汽车转向轮定位参数的检测

一、汽车转向轮定位参数

转向轮的定位参数有前轮前束、前轮外倾角、主销后倾角、主销内倾角、后轮前束、后轮外倾角、轮距、轴距、推力角和左右轴距差等。下面对几个主要的参数进行分析。

1. 外倾角的分析

（1）定义

外倾角就是从汽车的前方看，轮胎的几何中心线与地面的铅垂线的夹角。轮胎的上缘片内侧(靠近发动机)或偏向外侧(偏离发动机),当轮胎中心线在铅垂线重合时为零外倾角,当轮胎中心线与铅垂线外侧时的夹角为正外倾角,当轮胎中心线在铅垂线内侧时的夹角为负外倾角,如图5-9所示。

(2)作用

调整车辆负载,使其作用于轮胎的中心,消除跑偏,减少轮胎磨损。

(3)影响

正外倾角太大时,轮胎外侧单边磨损,悬架系统零件磨损加速,车辆会朝着正外倾角较大的一侧跑偏。

负外倾角太大时,轮胎内侧单边磨损,悬架系统零件磨损加速,车辆会朝着外倾角较小的一侧跑偏。

图5-9 外倾角示意图

2. 前束角的分析

(1)定义

从车辆的前方看,于两轮轴高度相同处测量左右轮胎中心线之间的距离,车轮前端距离与后端距离的差值称为前束角。前端距离大于后端距离为负前束,反之为正前束,相等为零前束,如图5-10所示。

图5-10 前束角示意图

(2)作用

前束角的作用是消除因为车轮外倾角而产生的轮胎磨损与滚动摩擦。

(3)影响

轮胎外(内)侧磨损中,有正(负)外倾角太大所形成的磨损形态,胎纹磨损形式为羽毛状。当用手从内侧向外侧抚摸时,胎纹外缘有锐利的拉手感觉。

3. 主销后倾角的分析

(1)定义

主销后倾角就是上球头或支柱顶端与下球头的连线(转向时,车轮围绕其进行转向运动的转向轴)向前或向后倾斜的角度。向前倾斜为负主销后倾角,向后倾斜为正主销后倾角,如图5-11所示。

正值   负值

图5-11 主销后倾角示意图

（2）作用

主销后倾角作用是能产生自动正力矩，使汽车能够保持直线行驶。

（3）影响

主销后倾角太小造成不稳定：转向后缺乏转向盘自动回正能力，车速高时发飘。主销后倾角不对称造成跑偏：左右两轮之主销后倾角不对等超对 30′（0.5°）时车辆出现跑偏，跑偏方向朝向主销后倾角较小的一侧。

4. 主销内倾角的分析

（1）定义

主销内倾角就是从汽车的前方看，转向轴线与地面铅垂线所形成的角度，如图5-12所示。

图 5-12　主销内倾角示意图

（2）作用

转向轻便，操纵省力，使车轮自动回正，减少回跳和跑偏现象，改善车辆直线行驶的稳定性。

（3）影响

主销内倾角大，回正作用强，但转向时费力；内倾角过小，回正作用小，轮胎易磨损；如果内倾角左右不等，则车辆容易倾斜，将会出现以下严重的操纵问题：一是内倾角大的一侧驱动力小于内倾角小的一侧，急加速时产生力矩转向；二是紧急制动时，制动力不等而产生制动跑偏；三是车轮上跳回弹过程中的外倾角总角变化产生跳动转向。

二、四轮定位仪

静态检测车轮定位的方法是用四轮定位仪来检测车轮的定位参数。

1. 四轮定位仪类型

目前，四轮定位仪的类型很多，主要有以下几种：气泡水准式、光学式、激光式、电子式和微机式车轮定位仪等。

（1）气泡水准式车轮定位仪，由于具有结构简单、价格低廉、便于携带等优点，在国内获得广泛应用，但是也有安装和测试费时费力等缺点。

（2）光学式车轮定位仪一般由转盘、支架、车轮镜和投光装置等组成。投光装置（由投光器和投影屏组成）也像水准仪一样安装在支架上，支架固定在轮辋上。该定位仪利用光学投影原理，将车轮纵向旋转平面与车轮定位的关系投影到带有指示刻度的投影屏上，从而测得车轮定位值。

（3）激光式车轮定位仪的检测原理与光学式相同，只不过采用的是激光投影系统，因而在强烈的阳光下也能清楚地从投影屏读出测量数据。

（4）电子式车轮定位仪则是在光学式和激光式的基础上，由投影屏刻度显示转变为显示屏数字显示。

（5）微机式车轮定位仪比以上几种车轮定位仪先进，目前国内外生产的定位仪多以这种类型为主，且一般为四轮定位仪，可同时检测前后轮的定位参数。微机式车轮定位仪由于采用微电脑技术和精密传感器测量技术，并具有完整齐全的配套附件，所以具有测量准确和操作简便等优点。它一般由微机主机、显示器、操作键盘、转盘、支架、打印机和遥控器等组成，往往制成可移动台式。安装在车轮上的传感器把车轮定位角的几何关系转变成电信号,送入微机分析判断,然后由显示屏显示和打印机打印输出。测试过程中,可通过操作全功能红外线遥控器,在汽车的任何位置实现远距离的测试控制。

2.四轮定位检测原理

四轮定位仪可检测项目包括车轮前束及前张角、车轮外倾角、主销后倾角、主销内倾角、转向20°时的前张角、推力角和左右轴距差等,如图5-13所示。尽管四轮定位仪的类型多种多样,但它们的基本测量原理却是一致的,只是采用的测量方法(或使用的传感器类型)及数据记录与传输的方式有所不同。

图5-13 四轮定位仪的检测项目

a)车轮前束角和前张角;b)车轮外倾角;c)主销后倾角;d)主销内倾角;e)转向20°时的前张角;f)推力角;g)左右轴距差

(1)前束、轴距差、推力角检测原理

为提高测量精度,检测前,依四轮定位仪的类型,常通过拉线或光线照射及反射灯方式形成一封闭的直角四边形,如图5-14所示。检测时,应将车体摆正并使车轮处于直线行驶位置,通过安装在车轮上的传感器进行前束、轴距差、推力角的检测。安装在车轮上的传感器有不同的类型,现以光敏三极管式传感器为例说明其检测原理。

安装在两前轮和两后轮上的光敏三极管式传感器(又称定位校正头)均有光线的接收和发射(或反射)功能,在传感器的受光平面上等距离地将光敏三极管排成一排。在不同位置上,光敏三极管接收到光线照射时,其光敏管产生的电信号即可代表前束值(角)或左右轴距差或推力角的大小。

图5-14 8束光线形成封闭的四边形

前束为零时,同一轴左右车轮上的传感器发射(或反射)出的光束应重合。当检测出上述两条光束相互平行但不重合时,说明左右两车轮不同轴,车轮发生了错位,依据光敏三极管发出的信息可测量出左右轮的轴距差。

当左右车轮存在前束时,在右轮传感器上接收到的位置会相对于原来的零点位置有一偏差,该偏差值即表示左侧车轮的前束值或前束角;同理,在左轮传感器上接收到的光束位置相对于原来零点的偏差值,则表示右侧车轮的前束值或前束角。其前束的检测原理如图5-15 所示,转向前轮和后轮前束的检测原理相同。

推力角的检测原理如图5-16 所示,若推力角 δ 为零,则前后轴同侧车轮上的传感器发射或接收的光束重合;若两条光束出现夹角而不重合,则说明推力角 δ 不为零。因此,可以通过安装在汽车前轮上的传感器接收到的同侧后轮传感器所发射光束相对于零点位置的偏差值检测汽车推力角 δ 的大小。

图5-15　车轮前束检测原理

1-刻度板;2-投射器支臂;3-光敏三极管;4-激光器;5-投射激光束;6-接收激光束

图5-16　推力角检测原理

1、2、3、4-光线接收器;5-前轮;6-后轮;7-汽车纵轴线;δ-推力角

（2）车轮外倾角的检测原理

车轮外倾角可在车轮处于直线行驶位置时直接测得。在四轮定位仪上的传感器（定位校正头）内装有角度测量仪（如电子倾斜仪）,把传感器装在车轮上,可直接测出车轮外倾角。

（3）主销后倾角和主销内倾角检测原理

主销后倾角和主销内倾角不能直接测出,通常是利用转向轮转动时建立的几何关系进行间接测量。主销后倾角可利用传感器内的角度测量仪,通过转向轮内转一定角度的和外转一定角度的两个位置时,测量转向轮平面倾角的变化量来间接测出。

主销内倾角可利用传感器的角度传感器,通过转向轮内转一定角度的和外转一定角度的两个位置时,测量转向节枢轴绕其轴线转动的角度来间接测出。

（4）转向20°时前张角的检测原理

检测前张角时,使被检车辆转向轮停在转角仪的转盘中心处,车轮处于直线行驶位置,转动转向盘使右转向轮向右转20°后,读取左转向轮下转盘上的刻度值 λ_1,则20° $- \lambda_1$,即为向右转向20°时的前张角;使左转向轮沿直线行驶方向向左转20°后,读取右转向轮下转盘上的刻度值 λ_2,则20° $- \lambda_2$,即为向左转向20°时的前张角。

3.四轮定位仪结构

下面以天津澳利 E-7000 型四轮定位仪为例,说明四轮定位仪的结构与工作原理。

（1）四轮定位仪的结构

四轮定位仪整体配置包括:四轮定位仪主机和机箱、传感器、外置接收卡、传感器卡具、传感器充电线、传感器变压器、前轮转角仪、转向盘固定器、制动器、地线杆等。

①主机和机箱配置,见表5-1。

部件名称	规格及标准	部件名称	规格及标准
中央处理器 CPU	赛扬 1.8G	音箱	EW×2
内存	128MHz	显示器	17′纯平 1772ED
硬盘	40G	键盘	标准
显示卡	4M	鼠标	3D 机械
声效卡	AC97′	打印机	惠普 Des 幻 et3538
调制解调器	56K 内置		

②计算机键盘（图 5-17）。

图 5-17　计算机键盘功能

a. F1 ~ F5，测试时最常用的键，其中 F1 为测定调试。

b. F2，客户资料。

c. F3，系统设置。

d. F6，返回初始画面。

e. F12，随时可以使用，弹出帮助菜单。

f. Esc，可在初始画面关机。

g. Enter，确定键。

h. Insert，插入或增加内容。

i. Page Up，翻页。

j. ↑、↓、←、→，方向键可让光标上、下、左、右移动。

③传感器卡具配置及键盘。

其中，传感器卡具配置包括：

a. 传感器接口。将传感器由此口连接在卡具上。

b. 固定传感器手钮。将传感器用此钮固定在卡具上，防止传感器左右转动。

c. 轮胎卡爪。主要加力部分，左右两个铁钩将抱住轮胎，使卡具牢牢固定在整个车上。

d. 固定卡具爪手钮。将上卡具爪调好位置后固定住。

e. 卡具爪。整个卡具有三个这样的卡具爪，卡具卡在车轮上时只有这三个爪顶住钢圈。

f. 保险绳。卡好卡具后，将保险绳的前端固定在轮胎的气嘴上，防止卡具不慎脱落掉地上。

g. 右侧调整手钮。松开手钮后,可以根据所测车辆的钢圈直径调节相应的尺寸,此动作是在卡具卡在轮胎上之前进行。

h. 左侧调整手钮。功能与右侧相同。

④其他附件。

a. 脚制动固定器。用于固定整个车,使车辆在测试的时候不会不稳,避免测量数值不准。安装在车辆的制动踏板和座位之间。

b. 转向盘固定器。在检测出数据后,把转向盘调正,用此设备将转向盘固定再进行底盘调试,此附件安装在转向盘和座位之间。

c. 前轮转角仪。此附件是为了减轻转动转向盘时的阻力,使用方法是将车辆的两个前轮分别放在两个转角仪的中心线上,并且与中心线平行。

(2)四轮定位仪的工作原理

①主机。主机是整个四轮定位仪的核心部件,它负责收集各个传感器传递来的信号,并将这些信号整理成数据(即测量数据)在显示器上显示出来,然后根据测量人员所输入的车型资料从内存中调取相应的规定数据,也在显示器上显示,把测量数据与规定数据相比较,即可得出结论;哪些定位参数合格,哪些定位参数不合格,并以相应的形式在显示屏上以表格的形式显示出来;接着便按照内存的方案进行适当的定位调整,调整后再次进行测量,将调整后所得到的测量数据与调整前所得测量数据连同规定数据一同显示出来。整个测量和调整过程步骤都是在主机的提示和监控下进行的,除了正常的检测操作规程以外,主机还可提供各种附加功能的测试和自身元件的检测、车型资料的编辑、客户档案管理等一系列功能。

②传感器。该定位仪共有四个CCD电荷耦合传感器,每个传感器上都安装有两个CCD红外测量镜头。电荷耦合传感器具有尺寸小、工作电压低,使用寿命长且坚固耐冲击及电子自动扫描等优点,而且CCD是一种无增益器件,它具有存储电荷的能力,因而可利用光作为输入信号完成摄像功能,使CCD图像传感器的数字式摄像头可直接输出图像的数字量,由计算机直接接收和处理。由于传感器采样是按像元——对应来进行的,因而在水平和垂直方向的最高分辨率可基本接近CCD芯片的水平和垂直像元数,能最充分利用CCD芯片的分辨能力,而且各像元信号之间的相关性也降低到最低限度,使摄到的数字图像在空间频率高频段的响应也大大提高。

由于数字式CCD摄像头采用数字化模式,因而能够由输出的数字图像直接计算出所需空间的绝对尺寸,其误差是确定且已知的,再加上线性好的优点,输出的数字图像可以达到很高的精确度。

数字式CCD传感器具有数字接口,可以方便地与存储器、计算机或数字处理器(DSP)等相连接。电脑化四轮定位仪中的4个CCD传感器就是通过专用的导线与主机相连的。

检测前,先确定好测量参照位置,该位置称为"正前打直位置",即根据电脑显示屏的提示转动转向盘,当两前轮具有相同的单独前束值时的车轮位置即为正前打直位置,该位置是以车辆的对称轴线为基准测量出来的。确认基准参照位置后,就开始测量两后轮的前束值与外倾角等定位参数,其测量是由CCD传感器自动完成的,测量数据通过导线,传输到主机。

③转向10°角时的测量。转向时,内侧车轮与外侧车轮之间存在着角度差,而且这个角度差随着转向角度的变化而变化,CCD传感器则可测量到为负值的前轮总前束,其测量目的

在于检查转向梯形臂的几何关系是否正确。如果转向时的负前束正确,则左右方向的最大转向角相同。在四轮定位仪中,转向时负前束是在内侧车轮转过10°时进行测量的,在其左右各一次的测量过程中,包括了对前轮前束、主销内倾角、主销后倾角等定位参数的测量,主销内倾角在前束为零或中心位置个别前束相等时进行修正。

④前轮外倾角的测量。在四轮定位仪中,前轮外倾角是在两前束值相等或者是每个单独前束为零时进行测量的,CCD传感器将对应于基准位置不同的角度成像并传递给主机,则主机会计算出各自的外倾角的实际值。

4.四轮定位仪的操作方法

(1)上车前的准备

①检查车辆。主要是保证汽车空载的状态,去掉不计在整备质量内的物品;注意,有的汽车对行李舱、工具箱或油箱油量有限量要求。

②检查轮胎。同轴的轮胎型号、气压、磨损程度是否一致;做车轮动平衡及径向跳动检查;检查胎压;磨损情况,左右胎纹磨损是否接近;轮胎新旧和花纹最好一致。

③检查悬架高度。检查地面到车身底部的距离,若有问题,可能是减振器或弹簧损坏,查明原因并修复或更换;扭力杆式的悬架,其高度可以调整。

④检查减振器与滑柱。观察减振器是否漏油(用眼观察或进行弹跳试验);滑柱上支座轴承间隙是否过大;螺栓是否松动;橡胶衬套或缓冲块是否破损。

⑤检查轴承。检查轴承造成的车轮转动异响(判断轴承失效);轴承间隙检查(车轮是否有水平移动量);如有问题必须进行清洁、更换或调整。

⑥检查臂、衬套和球头。检查摆臂是否弯曲变形;摆臂衬套是否磨损松旷,发现问题必须更换(注意:进行检查时,需要把车辆支起)。

⑦检查转向传动装置及转向拉杆球头。转向传动装置是否弯曲变形,转向拉杆球头是否松旷,发现问题必须更换;转向机构的检查还可以用转向盘的间隙检查。

⑧检查转向稳定杆及衬套。检查横向稳定杆是否变形;稳定杆固定螺栓、隔振垫以及铰链是否磨损,发现问题必须更换(损坏的稳定杆造成车身过度侧摆,在不平路面会发出咔嗒响)。

(2)安装卡具和传感器

①根据钢圈直径调整好卡具左右两个调整手钮。

②调整好卡具的卡爪左右孔数。

③将三个卡具爪与钢圈完全接触。

④用手将卡具弯把向轮胎方向推,同时将卡爪左右抱紧轮胎的同一层花纹槽。

⑤把保险绳连接到轮胎的打气嘴上。

⑥将传感器连接到卡具传感器接口上,固定传感器手钮。

(3)测量前的准备工作

①打开机箱总电源开关。在确保计算机的显示器、音箱、主机都已经接好信号线和电源线后,并且将传感器正确卡到车轮上时,再打开计算机主机的开关。几分钟后,可以在显示器上看到四轮定位仪测试软件的初始界面。

②输入登记表格,包括各项客户信息,如姓名、车牌号、委托书号等,以便日后可以调档查询;还有车辆信息,如车轮的尺寸、轮胎气压、花纹深度等输入信息;填完表格后,按F1键进入"选择制造厂家"界面。

注意:几乎在每个画面都可以看到屏幕下方会有 F1~F5 的按钮,并且有相应的按钮名称,可以通过这些按钮直接实现某些功能。

③再按 F1 键,进入"选择车型"界面。从中选择车辆的品牌、生产年份、底盘型号等相应资料。

④轮圈偏位补偿。选择好车型资料后,就进入此界面。因为定位仪检测定位参数是以车轮为基准的,如果轮圈或轮胎变形,检测出的数据的额外误差是不可估量的,所以需进行偏位补偿,以将误差控制到最小的范围之内。

⑤再按 F1 键,进入"车辆数据"界面。

⑥再按 F1 键,进入"车辆下落"画面。

注意:此画面为对所选测试车辆准备工作的最后一步。请一定要按照画面提示逐步完成准备工作,否则测试结果会受到影响。

(4)调整前检测

①按 F1 键,进入"主销后倾测定"界面,与按"M"键的功能一样。

注意:到此步传感器正式开始传输信号,请不要阻挡传感器之间的信号,否则无法进行测试。

在此画面十几秒钟后,画面和语音都会提示将车轮先右转 10°,转动到位后,画面会自动转到左转 10°。同样,转动到位后,系统会提示将车轮回正(回到 0°),车轮偏转的度数可以随时从左右度数框里看到。

②动作完成后会自动进入"观察测定值"画面。

注意:此界面标志着测量工作已经结束,接下来的就是调整了,通过此界面可以大体上了解所测车辆的底盘状况,让调试人员对测试车辆有一个简单的认识。

(5)车轮定位调整

做定位调整前,先用转向盘锁将转向盘固定成水平状,再升起举升机到合适调整的高度,将举升机锁止在水平安全位置。将四个传感器调整为水平状态,再操作定位仪进入定位调整操作。调整程序可参照屏幕上显示的数据进行调整,屏幕显示的数据会随时显示当前调整后的参数数据。

注意:双击某个方框中的数据可对该数字进行放大,方便稍远距离观察。

调整操作:不同类型的悬架,可调整的参数不一样,调整手段也各不相同,这里不做详细介绍。

(6)新车登录

此设备上没有收集到或者新出的车型还没有来得及添加到设备数据库当中,但客户要马上使用而且知道所要测试车辆的数据时,就可以使用新车登录功能把车型的数据由客户自己添加到自己的车型数据库中。

方法如下:在"选择车型"界面,按 F2 进入"新车登录"界面,这时画面中的所有内容都可以由客户自行修改,修改完毕后按 F1 存盘,然后在"选择车型"里面就可以看到刚刚添加进去的新车型。注意,输入数据的时候一定要输入规范,否则无法存盘。

(7)客户资料的存储

在每次测试和调试完毕后,系统都会提示客户是否要将测试后的车辆数据进行保存。

如果保存客户资料按 F1;反之,按 F5。当需要存储资料时,将相关资料正确填写到指定行里按储存即可。

5.汽车车轮定位仪的使用注意事项和维护

（1）汽车车轮定位仪的使用注意事项

因四轮定位仪是一种较精密的检测设备，所以要求操作人员在使用前需经过专业培训，并且在使用定位仪前应先仔细阅读四轮定位仪的产品说明书，以便更好地了解四轮定位仪的操作过程。一般注意事项有：

①使用前，检查四轮定位仪所配附件是否与说明书上列出的清单相符。

②在安装设备时，一定要按照产品说明书上的要求去做。

③对于光学式四轮定位仪中的投影仪（或投光器），需要细心维护，并经常进行调整。

④传感器是电脑式四轮定位仪的重要元件，使用前要进行校正，以保证测试精度。

⑤传感器是计算机式四轮定位仪的核心元件，在使用前需要进行校正，以保证测试精度。

⑥传感器在卡盘轴上安装要妥当，在不用时应妥善保存，避免受到损害，电测类传感器在通电前应该接线安装完毕，不要带电接线，以避免电子振荡，冲击损坏器件。

⑦四轮定位仪需要移动时，注意不要使其受到振动，否则可能会损坏传感器及计算机等部件。

⑧四轮定位仪应按期检验标定，标定工作应在专用标定器具上进行（在购买四轮定位仪时应带专用标定器具和标定程序）。

⑨在用四轮定位仪检测车轮定位角之前，一定要进行车轮传感器安装夹具偏摆补偿操作，否则会引起相当大的测量误差。

⑩在四轮定位仪的安装地点，应在墙上或其他的地方安装一个带熔断器的开关盒，同时要求开关盒内配有四轮定位仪的过载保护装置。

（2）汽车车轮定位仪的维护

①定期检查主机的开关和外接供电导线的插头绝缘是否良好。

②定期检查传感器插座是否锈蚀，其安装轴亦需定期进行润滑，这样可以减少该轴的磨损，以减小测量偏差，忌使用润滑脂。

③定期进行传感器标定工作。

④定期润滑举升机的导轨和拉索，以减少磨损。

⑤定期检查液压缸的油位和管路密封情况。

⑥定期清洁举升机平台、转角盘和后滑板的表面。

汽车在行驶过程中，若有振动现象，很可能与车轮的状况有关，一般要进行动平衡检测。

任务四　车轮动平衡检测

一、车轮平衡概述

车轮的平衡可分为车轮静平衡和车轮动平衡两类。

1.车轮静平衡和静不平衡

车轮的静平衡，是指轮胎周向上的质量均衡。支起车轴，调整好轮毂轴承松紧度，用手轻转动车轮，使其自然停转。车轮停转后在离地最近处做一标记，然后重复上述试验多次。若车轮经几次转动自然停转后，所做标记的位置各不一样，或强迫停转后，消除外力车轮也不再转动,则车轮为静平衡。

如果每次试验的标记都挺在离地最近处,则车轮为静不平衡。

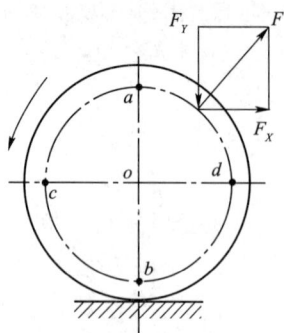

静平衡的车轮,其中心与旋转中心重合;静不平衡的车轮,其重心与旋转中心不重合,在旋转时产生离心力,如图 5-18 所示。图中:

$$F = mr\omega^2$$

式中:m——不平衡点质量;

ω——车轮旋转角速度,$\omega = 2\pi n$;

n——车轮转速;

r——不平衡点质量离车轮旋转中心的距离。

图 5-18 车轮静不平衡产生的离心力　从式中可以看出,车轮转速 n 越高,不平衡点质量 m 越大,不平衡点质量离车轮旋转中心的距离越远,则离心力 F 越大。

离心力 F 可分解为水平分力 F_X 和垂直分力 F_Y。在车轮转动一周中,垂直分力 F_Y 有两次落在通过车轮中心的垂线上,一次在 a 点,一次在 b 点,方向相反,均达到最大值,使车轮上下跳动,并由于陀螺效应引起前轮摆振。

水平分力 F_X 有两次落在通过车轮中心的水平线上,一次落在 c 点,一次落在 d 点,方向相反,均达到最大值,使车轮前后窜动,并形成绕主销来回摆动的力矩,造成前轮摆振。当左右前轮的不平衡质量相互处于180°位置时,前轮摆振最为严重。

2. 车轮动平衡和动不平衡

车轮的动平衡,是指轮胎轴向上的质量均衡。在图 5-19a)、b)中,车轮均是静平衡。在该车轮旋转轴线的径向相反位置上,各有一用半径相同、质量也相同的不平衡点 m_1 与 m_2,且不处于同一平面内。对于这样的车轮,其不平衡点的离心力合理为零,而离心力的合力矩不为零,转动中产生方向反复变动的力偶 M,使车轮处于动不平衡中。动不平衡的前轮绕主销摆振。如果 m_1 与 m_2 在同一作用半径的相反方向上配置相同质量的 m_1' 与 m_2',则车轮处于动平衡中,如图 5-19c)所示。

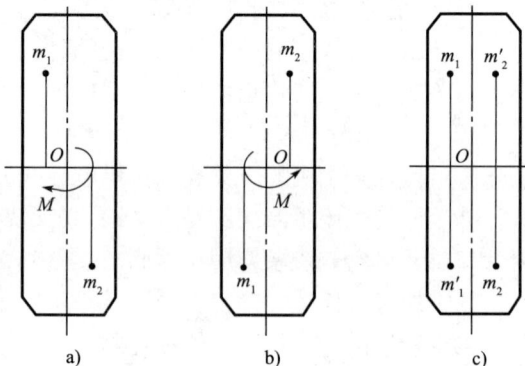

图 5-19 车轮平衡示意图

a)、b)车轮静平衡但动不平衡;c)车轮静平衡且动平衡

因此静平衡的车轮不一定动平衡,而动平衡的车轮一定是静平衡的。

3. 影响车轮平衡的因素

导致车轮不平衡的主要原因有以下几项:

(1)轮辋严重变形、制动鼓内工作面严重失圆。

(2)轮毂与轮辋加工质量不佳,如中心不准、轮胎螺栓孔分布不均、螺栓质量不佳。

(3)轮胎存在异常磨损、局部损坏或轮胎修补方法不当。

(4)轮胎车身质量分布不均匀,如轮胎质量欠佳。

(5)安装位置不正确,如内胎充气嘴位置不符合要求。

(6)车轮平衡块脱落。

二、车轮平衡机及其使用方法

车轮不平衡的检测方法按车轮不平衡的性质可分为静不平衡检测和动不平衡检测。由于动平衡的车轮肯定是静平衡的,而静平衡的车轮都不能保证是动平衡的。因此,对于车轮平衡状况的检测,目前维修行业大多采用动不平衡检测方法。测量车轮平衡度的仪器是车轮平衡机,也称车轮平衡仪。按照车轮的测量方式可分为离车式车轮平衡机和就车式车轮平衡机两类;使用离车式车轮平衡机时,将车轮从车上拆下安装到车轮平衡机的转轴上检测其平衡状况。就车式车轮平衡机是在不拆下车轮的情况下检测车轮的平衡状况。

1. 离车式车轮平衡机的结构与使用方法

(1)离车式车轮平衡机的机构

离车式车轮动平衡机如图 5-20 所示,其专用卡尺如图 5-21 所示。平衡机一般由驱动装置、转轴与支撑装置、显示与控制装置、制动装置、机箱和车轮防护罩等组成。驱动装置一般由电动机、传动机构等组成,可驱动转轴旋转。转轴由两个滚动轴承支撑,每个轴承均有一能将动反力变为电信号的传感器。转轴的外端通过椎体和大螺距螺母等固定被测车轮。驱动装置、转轴与支撑装置等均装在机箱内。车轮防护罩可防止车轮旋转时其上的平衡块或花纹内夹杂物飞出伤人。制动装置可使车轮停转。显示与控制装置多为微机式,具有自动诊断系统,能将传感器的电信号通过微机运算、分析、判断后显示出不平衡量及相位。为了使显示的不平衡量恰是轮辋边缘所加平衡块的质量,还应将测得的轮辋直径 d、轮辋宽度 b 和轮辋边缘至平衡机机箱的距离 a(轮辋外悬尺寸),通过键盘或选择器旋钮输入微机。

图 5-20　离车式车轮动平衡机

1-显示与控制装置;2-车轮防护罩;3-转轴;4-机箱

图 5-21　离车式车轮平衡机的专用卡尺

(2)离车式车轮平衡机的使用方法

①清除被测车轮上的泥土、石子和旧平衡块。

②检查轮胎气压,视必要充至汽车制造厂的规定值。

③根据轮辋中心孔的大小选择锥体,仔细地装上车轮,用大螺距螺母拧紧。

④打开电源开关,检查指示与控制装置的面板是否指示正确。

⑤用卡尺测量轮辋宽度 b、轮辋直径 d,用平衡机上的卡尺测量轮辋边缘至机箱距离 a,再用键入或选择器旋钮对准测量值的方法,将 a、b、d 值输入到指示与控制装置中去。

⑥放下车轮防护罩,按下启动键,车轮旋转,平衡测试开始,微机自动采集数据。

⑦车轮自动停转或听到"嘀"声,按下停止键并操纵制动装置使车轮停转后,从指示装置读取车轮内外两侧不平衡量和不平衡位置。

⑧抬起车轮防护罩,用手慢慢转动车轮。当指示装置发出指示(音响、指示灯亮、制动、显示点阵或显示检测数据等)时停止转动。在轮辋的内侧或外侧的上部(时钟12点位置)加装指示装置显示该侧平衡块质量。内外侧要分别进行,平衡块装卡要牢固。

⑨安装平衡块后,有可能产生新的不平衡,应重新进行平衡试验,直至不平衡量<5g,指示装置显示"00"或"OK"时才可以。

⑩测试结束,关闭电源开关。

2. 就车式车轮平衡机的结构与使用方法

(1)就车式车轮平衡机的机构

就车式车轮动平衡机一般由驱动装置、测量装置、指示与控制装置、制动装置和小车等组成,其示意图如图5-22所示,工作图如图5-23所示。驱动装置由电动机、转轮等组成,能带动支离地面的车轮转动。测量装置由传感磁头、可调支杆、底座和传感器等组成。它能将车轮不平衡量产生的振动变成电信号,送至指示与控制装置。指示与控制装置由频闪灯、不平衡度表或数字显示屏等组成。频闪灯用来指示车轮不平衡点位置,不平衡度表或数字显示屏用来指示车轮不平衡量,一般由两个挡位。第一挡一般用于初查时的指示,第二挡一般用于装上平衡块后复查时的指示。制动装置用于车轮停转。除测量装置外,车轮动平衡机的其余装置都装在小车上,可方便地移动。

图5-22 就车式车轮动平衡机示意图

1-转向节;2-传感磁头;3-可调支杆;4-底座;5-转轮;6-电动机;7-频闪灯;8-不平衡度表

(2)就车式车轮平衡机的使用方法

①准备工作。

a. 用千斤顶支起车轴,两边车轮离地间隙要相等。

b. 清除被测车轮上的泥土、石子和旧平衡块。

c. 检查轮胎气压,视必要充至规定值。

d. 检查轮毂轴承是否松旷,视必要调整至规定松紧度。

e. 在轮胎外侧面任意位置上用白粉笔或白胶布做上记号。

图5-23 就车式车轮动平衡机工作图

1-光电传感器;2-手柄;3-仪表板;4-驱动电动机;5-摩擦轮;6-传感器支架;7-被测车轮

②从动前轮静平衡。

a.用三角垫木塞紧非测试车轮,将就车式车轮平衡机的测量装置推至被测前轮一端的前轴下,传感磁头吸附在悬架下或转向节下,调节可调支杆高度并锁紧。

b.推平衡机至车轮侧面或前面(视车轮平衡机型号不同而异),检查频闪灯工作是否正常,检查转动的旋转方向能否使车轮的转动力与前进行驶时方向一致。

c.操纵车轮平衡机转轮与轮胎接触,起动电动机带动车轮旋转至规定车速。

d.观察频闪灯照射下的轮胎标记位置,并从指示装置(第一挡)上读取不平衡量数值。

e.操纵平衡机上的制动装置,使车轮停止转动。

f.用手转动车轮,使其上的标记仍处在上述观察位置上,此时轮辋的最上部(时钟12点位置)即为加装平衡块的位置。

g.按指示装置显示的不平衡量选择平衡块,牢固地装卡到轮辋边缘上。

h.重新驱动车轮进行复查测试,指示装置用二挡显示。若车轮平衡度不符合要求,应调整平衡块质量和位置,直至符合平衡要求。

③从动前轮动平衡。

a.将传感磁头吸附在经过擦拭的制动底板边缘平整之处。

b.操纵平衡机转轮驱动车轮旋转至规定车速,观察轮胎标记位置,读取不平衡量数值,停转车轮找平衡块加装位置,加装平衡块和复查等,方法与静平衡相同。

④驱动轮平衡。

a.顶起驱动车轮。

b.用发动机、传动系驱动车轮,加速至 50~70km/h 的某一转速下稳定运转。

c.测试结束后,用汽车制动器使车轮停转。

d.其他方法同从动轮动、静平衡测试。

思考题五

1.什么是汽车转向特性?汽车应该具备什么转向特性?

2.试述四轮定位仪操作步骤,同时分析四轮定位仪能检测的项目有哪些?

3.汽车侧滑检测的步骤是什么?检测的目的是什么?标准规定值是多少?

4.试分析汽车行驶侧滑的原因。

5.为什么要进行车轮动平衡检测,如何检测?

6.如何检测汽车悬架系统的性能?

学习情景六　汽车车速表检测

客户到 4S 店进行车辆维护,并抱怨说最近连续两次由于超速被交警处罚,但是他以往在高速公路上行驶速度达到 130km/h 时也都没有被罚过,他怀疑自己的车速表有问题,希望维修人员能予以解决。

要完成这个工作任务,首先应熟悉车速表误差的原因,熟悉车速表显示值与实际车速之间的关系,并在此基础上使用合适的检测设备对车速表进行检测评价。下面就分步来完成本学习情景的学习任务。

任务一　汽车车速表检测设备运用

一、车速表误差形成的原因

随着汽车使用时间的增加,车速表的误差往往会逐渐增大。造成车速表失准的原因,主要有两个方面:

1. 车速表传动件或本身机件损坏

不论是磁电式或电子式车速表,其主轴都是由与变速器相连的软轴驱动的,在工作过程中不可避免地要产生磨损;另外,车速表内的齿轮、转盘、磁铁、光电元件等也会磨损、退磁或老化,这些因素都会造成车速表的指示误差。

2. 轮胎磨损或气压不符合规定引起的误差

车速表的指示值仅仅与车轮的转速成正比;而汽车行驶的速度相当于驱动轮的线速度,线速度不仅与转动速度有关,还与车轮的半径有关。

理论上,若驱动轮半径为 r,其转速为 n,则可以算出汽车行驶的线速度为:

$$v = \frac{2\pi rn}{60}(\text{m/s}) = 0.377 rn(\text{km/h}) \tag{6-1}$$

但是由于轮胎是一个充气的弹性体,因此汽车行驶时,轮胎在受到垂直载荷、车轮驱动力和地面阻力等作用下会发生弹性变形;另外,由于轮胎磨损、气压变化等因素也会影响车轮半径的变化。因此,即使在驱动轮转速不变的情况下,也会引起实际车速与车速表指示值不一致的现象。

二、车速表误差的测量原理

车速表误差的测量是将驱动轮的转速转换为测速滚筒的转速,进而通过测速电动机按照一定的换算关系在指示仪表上显示车速,此速度即为实际车速;车轮在测速滚筒上转动的同时,车速表的软轴由变速器或分动器输出轴带动旋转,并在车速表上显示车速值,即车速表指示值。将检验台上速度指示仪表上显示的车速值与车速表上显示的车速值相比较,即可测出车速表的误差。其测量原理如图 6-1 所示。

检测时,汽车驱动轮置于测速滚筒上,由发动机经传动系驱动车轮旋转,车轮借助于摩擦力带动测速滚筒旋转,旋转的测速滚筒相当于移动的路面。驱动轮 4 在该测速滚筒上旋转,来模拟汽车在路面上行驶时的实际状态。通过测速滚筒的线速度来达到测量汽车行驶速度的目的。测速滚筒端部的测速发电机所发出的电压(或电流)与测速滚筒转速成正比,测速滚筒的转速又与车速成正比。因此,测速发电机的电压与车速成正比。

测速滚筒的线速度、滚筒直径与转速之间的关系:

$$v = nD \times 60 \times 10^{-6} \qquad (6-2)$$

式中:v——测速滚筒的线速度,km/h;

D——测速滚筒直径,mm;

n——测速滚筒的转速,r/min。

显然,车轮的线速度与测速滚筒的线速度相同,因此上述的计算值即为汽车的实际车速值,该值在试验时由检验台上的指示仪表显示。

图 6-1　车速表误差的测量原理
1-指示仪表;2-测速发电机;3-测速滚筒;4-驱动轮

三、车速表检验台

车速表检验台按有无驱动装置可分标准型与电动机驱动型两种。标准型检验台没有驱动装置,靠被测汽车驱动轮带动滚筒旋转;电动机驱动型检验台由电动机驱动滚筒旋转,再由滚筒带动车轮旋转。此外,还有把车速表检验台与制动检验台或底盘测功机组合在一起的综合式检验台。目前,检测站使用最多的是标准型滚筒式车速表检验台。

1. 标准型车速表检验台

该检验台主要由滚筒、举升器、测量装置、测量仪表及辅助装置五部分组成,其主要结构如图 6-2 所示。

图 6-2　标准型车速表检验台
1-滚筒;2-联轴器;3-举升器;4-速度传感器

(1)滚筒

图 6-2 所示标准型检验台共有 4 个滚筒,其中左右各有 2 个滚筒,用于支撑汽车的驱动轮。在测试过程中,为防止汽车的差速器起作用时造成左右驱动轮转速不等,前面的 2 个滚筒是用联轴器连在一起的。滚筒多为钢制,表面有防滑材料,直径多为 175～370mm,为了标定时换算方便,直径多为 176.8mm,这样滚筒转速为 1200r/min 时,正好对应滚筒表面的线

速度为40km/h。

（2）举升器

举升器置于滚筒之间（图6-2），有气动装置驱动、液压驱动和电动机驱动三种，一般多为气动装置驱动。测试前，举升器处于上方，以便汽车驶上检验台；测试时，举升器处于下方，以便滚筒支撑车轮；测试后，靠气压（或液压、电动机）举升起举升器，顶起车轮，以便汽车驶离检验台。

（3）测量装置

测量装置的作用是测量滚筒的转动速度，其核心部分为一转速传感器。它通过转速传感器将滚筒的速度转变成电信号（模拟信号或脉冲信号）。常用的转速传感器有测速发电机式、光电编码器式和霍尔元件式等。

①测速发电机式。测速发电机是一种永磁测速发电机，它能够产生与转速完全成正比的电压信号，如图6-3所示。

图6-3 永磁测速发电机电路图及特征
a）电路图；b）特征曲线

②光电编码式。光电编码式如图6-4所示，它主要由编码盘、光电开关和单片机组成。编码盘一般带孔或带齿，被安装在滚筒的一端并随滚筒转动。光电开关由一对由光源和光接收器组成，其中光源一般发出红外光，光接收器多由光敏三极管和放大电路组成，可将收到的光信号变为电信号。

图6-4 光电式速度传感器工作原理图
a）光线被遮住，接收器无信号；b）光线未被遮住，接收器有信号
1-光源；2-光电编码器

工作时，光源和光接收器分别置于编码盘的两侧，并彼此对准。当编码盘转动时，光源发出的光线周期性地被遮住，于是光接收器将收到断续的光信号，并转换成脉冲信号，脉冲频率与滚筒转速成正比。将此脉冲信号经过光电隔离等环节之后，送入单片机处理，进而得到相应的速度。

③霍尔元件式。霍尔元件式转速传感器是利用霍尔效应原理，将带齿的圆盘固定在滚筒一端，如图6-5a)所示，并随滚筒一起转动，当圆盘的齿未经过磁导板时，有磁场经过霍尔

元件,从而感应出霍尔电动势,如图 6-5b)所示。当圆盘的齿经过磁导板时,磁场被短路,霍尔电动势消失,如图 6-5c)所示。霍尔元件所产生的脉冲信号与速度成正比。

图 6-5　霍尔元件式速度传感器工作原理图
a)带齿圆盘形状;b)圆盘的齿未经过磁导板;c)圆盘的齿经过磁导板
1-圆盘;2-齿;3-磁感线;4-磁导板;5-永久磁铁;6-霍尔元件

（4）测量仪表

测量仪表是用于显示测试速度的仪表,目前多用智能型仪表,内含有一个单片机系统。来自传感器的信号经放大、A/D 转换或经滤波整形后进入单片机处理,再输出显示测量结果。在全自动检测线上也有直接把速度传感器信号接到工位机（或主控机）上直接进行处理的。

（5）辅助部分

辅助部分主要包括安全装置、滚筒抱死装置、举升保护装置三个部分。

①安全装置一般为设在滚筒两侧的挡轮,用于检测时防止车轮左右滑移,损坏轮胎或设备。

②滚筒抱死装置用以举升器升起时抱死滚筒,因为汽车测试完毕出车时,如果只依靠举升器,可能造成车轮在前滚筒上打滑,此时必须防止打滑、抱死滚筒;而当举升器下降时,抱死解除。

③举升保护装置是为了防止车辆在速度检验台上运转时,举升器突然上升导致严重的安全事故的装置,以确保滚筒转速低于设定值后（如 5km/h）才允许举升器上升。举升保护装置主要由软件和硬件两个部分组成（软件用于系统控制）。

2. 驱动型车速表检验台

驱动型车速表检验台结构如图 6-6 所示,它主要由滚筒、联轴器、离合器、驱动电动机、速度传感器和举升器等组成。驱动电动机装在滚筒的一端,用以驱动滚筒转动。滚筒和电动机间装有离合器,若试验时将离合器分离,这种试验台又可作为标准型试验台使用。

图 6-6　驱动型车速表检验台
1-滚筒;2-联轴器;3-离合器;4-驱动电动机;5-速度传感器;6-举升器

计量准确的车速表对安全有着非常重要意义,汽车上的车速表要按照规定的时间进行检测,以判断其技术状况。

任务二　汽车车速表检测

一、汽车车速表检测的相关标准

国家标准《机动车运行安全技术条件》(GB 7258—2012)规定:指示车速 v_1(km/h)与实际车速 v_2(km/h)之间应符合下列关系式:

$$0 \leqslant v_1 - v_2 \leqslant \frac{v_2}{10} + 4 \qquad (6\text{-}3)$$

即实际车速为40km/h时,汽车车速表显示值应为40～48km/h;或当汽车车速表显示值为40km/h时,实际车速应为32.72～40km/h。超过上述范围,车速表的显示为不合格。对于无法在车速表检验台上检验车速表指示误差的汽车(如四轮驱动汽车、具有驱动防滑控制装置的汽车等),可路试检验车速表指示误差。

二、汽车车速表检测方法

车速表检验方法通常有道路试验法和室内台架试验法两种。

1. 利用道路试验法检测车速表

道路试验法一般采用测速法和测时间法两种方法。测速法是使用五轮仪或非接触测速仪来测定实际汽车行驶速度。

测时间法是通过测出汽车以不同的车速经过相同长度的路段,来测定实际汽车行驶速度的。例如,当汽车以不同的车速(如20km/h、30km/h、40km/h)等速通过500m的试验路段时,测出通过500m的时间(s),然后用下式计算实际车速:

$$v_{\text{实}} = 3.6 \times 500/t \quad (\text{km/h}) \qquad (6\text{-}4)$$

把计算得到的实际车速与驾驶室内车速表指示的车速相对照,即可求出不同车速下车速表的指示误差。

2. 利用车速表试验台检测车速表

利用车速表试验台检测车速前,需要先做好准备工作,主要包括试验台和被检汽车的准备工作。

(1)试验台的准备工作

①在滚筒静止状态检查测量仪表的显示值是否为零,如不为零则应调零。

②检查滚筒上是否沾有油、水、泥等杂物,若有,应清除干净。

③检查举升器动作是否自如和有无漏气部位,若动作阻滞或有漏气部位,应予修理。

④检查导线的接触情况,若有接触不良或断路,应予修理或更换。

(2)被检汽车的准备工作

①按汽车制造厂的规定调整好轮胎气压。

②轮胎沾有水、油等杂物或轮胎花纹沟槽内嵌有小石子时,应清除干净。

(3)检测方法及步骤

检测前的准备工作完成后,即可进行车速表的检测,检测方法及步骤如下:

①接通检验台电源。

②升起滚筒间的举升器。

③将输出车速信号的车轮与滚筒呈垂直状态停放在检验台上。

④降下滚筒间的举升器。

⑤用挡块抵住位于检验台滚筒之外的车轮,以防检测时汽车从试验台上滑出。

⑥对于标准型车速表检验台,起动汽车,待汽车的驱动轮在滚筒上稳定后,换入最高挡,踩下加速踏板使驱动轮平稳地加速运转。当汽车车速表的指示值达到规定检测车速(40km/h)时,读取检验台速度表的指示值,或当试验台速度表的指示值达到检测车速时,读取汽车车速表的指示值。

⑦对于驱动型车速表检验台,接合试验台离合器,使滚筒与电动机连在一起,将汽车的变速器换入空挡,接通试验台电源,电动机驱动滚筒旋转,当汽车车速表达到检测车速时,读取试验台速度表的指示值。或当检验台速度表达到检测车速时,读取汽车车速表的指示值。

⑧检测结束后,轻踩下汽车制动踏板,使滚筒停止转动。对于驱动型检验台,应先关闭电源再踩制动踏板。

⑨升起举升器,去掉挡块,汽车驶离检验台。

⑩切断试验台电源。

思考题六

1. 汽车车速表误差产生的原因有哪些?

2. 目前,国家对车速表检测的标准是什么?

3. 车速表试验台有哪几种?

4. 滚筒式车速表试验台有哪几部分组成?

5. 当车辆轮胎气压过高时,实际车速与车速表车速间的关系如何变化?

6. 试述车速表检测的步骤。

学习情景七　汽车前照灯检测

　　有一台桑塔纳普通型轿车,在夜间高速行驶时,驾驶员发现自己驾驶的车辆出现前照灯亮度不足且照射方向不准的问题,已影响到夜间行驶的安全性,因此需要对车辆前照灯进行检查。驾驶员随即将车辆送到4S店要求检修。

　　要完成这个工作任务,首先要熟悉汽车前照灯检测设备的运用,然后能够使用前照灯检测仪进行检测。下面就分步来完成本学习情境的学习任务。

任务一　汽车前照灯检测设备运用

一、前照灯的特性

1.光的物理单位

　　机动车上所用照明装置都是电光源形式。电光源是指当通以电流使金属物体(灯丝)发热变为光能后,通过辐射方式向外界发光的器件。光是一种电磁波,它以$3 \times 10^5 km/s$的速度沿直线传播。电磁波的波长范围很广,车上各种照明装置所发出的光线均为可见光,其波长范围为$380 \sim 780 mm$。

　　(1)发光强度表示光源发出的光强弱的程度。单位是坎德拉,简称"坎",用符号cd表示。在国际单位制(SI)中规定:一光源在给定方向上发出频率为$540 \times 10^{12} Hz$的单色辐射,且在此方向上的辐射强度为$1/683 W/sr$(瓦特每球面度),则此光源在该方向上的发光强度为1cd。

　　(2)照度表明受光物体被光源照明的程度。单位是勒克斯,用符号lx表示。1lx为1lm的光通量均匀分布在$1 m^2$表面上所产生的光照度,也等于是1cd的点光源在半径为1m的球面上产生的光照度。若用S代表被照明的面积,Φ代表照射到物体上的光通量,则照度为:

$$E = \Phi/S$$

2.发光强度和照度的关系

　　发光强度是针对光源本身而言的,而照度是针对被照亮的物体而言。发光强度与照度之间有一定的关系,在照明灯发光强度不变的情况下,物体离开光源越远,被照明的程度越差,说明被照明物照度的变化和光源的距离有关,如图7-1所示。在不计光源大小的情况下(看作点光源),照度与离开光源距离的平方成反比,与光源的发光强度成正比。简称倒数二次方法则。即:

照度(lx) = 发光强度(cd)/离开光源距离的平方(m^2)

　　如果把前照灯看作是点光源,其发光强度为15000cd,受照物体离前照灯远100m,则受照物体上得到的照度为:$15000/100^2 = 1.5 lx$。一般人眼能看清物体时,该物体所需的最低照度约为:

$$最低照度 = (0.2 + 0.01L)\,\mathrm{lx}$$

式中:L——灯与物体间的距离,m。现距离为100m,按该式计算所需照度为1.2lx,现物体能得到1.5lx照度,表明人眼能看见100m远处的物体。如该物体得到的照度越大,则人眼看得越清楚,或者说前照灯的发光强度越高,人眼能看清物体的距离就可以越远。

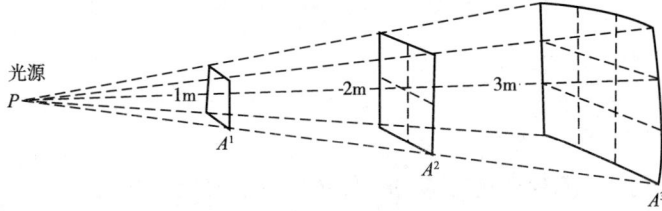

图7-1　发光强度与照度的关系

3. 前照灯特性

前照灯特性包括配光特性、全光束和照射方向三个方面。

(1)配光特性(光束分布)

配光特性是指受照物体上各部位的照度大小。当汽车前照灯垂直地照射到前方的平滑表面后,被照射面上的照度是不均等的,中心区域较高,边缘区域较低,如果把各种相同照度的点用曲线连接起来,即可得到如图7-2所示的等照度曲线图。好的配光特性要求等照度曲线的分布在垂直方向窄,在水平方向宽,且左右对称,不偏向一边,上下扩展也不太宽,这叫对称式配光特性。

图7-2　等照度曲线
a)配光特性;b)全光束;c)照射方向

还有一种非对称式配光,即光形分布有一条明显的明暗截止线(灯光投射到配光屏幕上,眼睛感觉到的明暗陡变的分界线)。非对称式配光有两种:一种是在配光屏幕上,明暗截止线的水平部分在V—V线的左半边,右半边为水平线向上呈15°的斜线,如图7-3a)所示。另一种是明暗截止线右半边为水平线向上呈45°斜线至垂直距25cm转向水平的折线,由于明暗截止线呈Z形,亦称Z形配光,如图7-3b)所示。我国前照灯的近光灯已采用这种Z形配光形式。

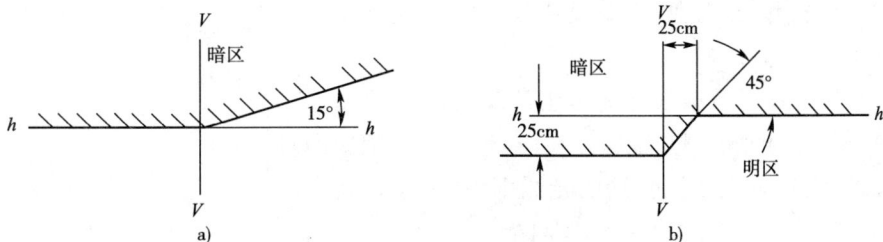

图7-3　非对称式配光示意图
V—V汽车纵向中心垂直平面在屏幕上的投影线;h—h汽车前照灯基准中心高度的水平线

（2）全光束（发光强度）

全光束是指前照灯照射物体后，物体上得到的总照度。它可以用明亮度分布纵断面的配光特性曲线来表示，如图7-2b）所示。该断面的积分值，即该曲线的旋转体积就是全光束。可以认为它是光源所发出光的总量。因为受照物体得到的照度或全光束与发光强度有关，因此，全光束的特性常用光源发光强度来表述。

（3）照射方向

如果把前照灯光线最亮的地方看作是光轴的中心，则它对水平和垂直坐标轴交点的偏离就表示它的照射方向，如图7-2c）所示。光束与水平、垂直坐标轴交点的距离，就是光束照射的偏移量。

由于汽车前照灯不是一个理想的点光源，除透过前照灯散光玻璃各点的光线不均匀外，还有和主光轴相交的光线，因此前照灯的实际照射方向与上述点光源的照射方向有所差异。但是主光轴上的光线大部分都是穿过散光玻璃中心直射的。因此，在离开散光玻璃足够远的地方，可以近似地看作是由点光源发出来的散射光线，根据倒数二次方法则，随着离开光源距离的增加，照度是递减的。

图7-4所示为前照灯主光轴照度随距离变化的曲线。可以看出，距离超过5m时，实测值和理论计算值基本一致；距离为3m时，约产生15%的误差。可见距离越远，越能得到准确的测量值。但由于受场地限制，在用前照灯检测仪测量时，通常采用在前照灯前方3m、1m、0.5m、0.3m的距离进行测量，并将该测量值当做前照灯前方10m处的照度，换算成发光强度进行指示。

图7-4 主光轴照度变化曲线

二、汽车前照灯检测仪的检测原理

汽车前照灯检测仪，通过采用能把吸收的光能变成电流的光电池作为传感器，按照前照灯光轴照射光电池产生电流的大小和比例，来测量发光强度和光轴偏斜量。

光电池是一种光电变换器件，当光线照射到光电池的受光面时，光电池就会产生电动势，光线越强，电动势就越大。如果将它接入回路就会产生相应的回路电流，回路电流的大小即可反映照射到光电池上的光的强弱。

前照灯检验时，采用聚光透镜将前照灯灯光聚送到光电池上，经过适当的信号处理，达到对前照灯发光强度与光轴偏移量的检测目的。

图7-5表示采用四象限光电池组测量光轴位置的原理。左右一对光电池检测光轴的左右位置，如果光轴偏离了中心位置，则左右光电池受到的光照度不等，于是就会产生一个偏差信号输出，使得左右偏斜指示计的指针偏离零点，其偏移量即反映了光轴的偏斜量。当通过适当的调节机构，调整光线照射光电池的光照位置，可使偏斜指示

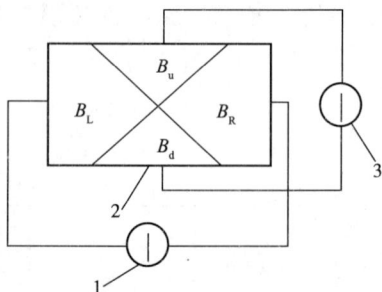

图7-5 光轴偏斜量的检测原理图
1-左右偏斜指示计；2-光电池；3-上下偏斜指示计

计的指针指向零位,那么,此调节量也就反映了光轴的偏斜量。而此时也可认为光电池受到最强的光照,四块光电池输出电流之和也就表明了前照灯发光强度的大小。利用这一原理制作的前照灯检测仪有多种形式。

三、汽车前照灯检测仪

用于检测汽车前照灯性能的设备,称为前照灯检测仪。使用前照灯检测仪检测的准确性不如屏幕法高,但可对仪器误差进行修正,加之其具有占用场地小、使用方便等优点,因此在检测线上得到广泛的应用。

目前,国内使用的前照灯检测仪按检测对象分为两种类型:一类是采用 SAE 标准(美国采用的标准)的前照灯检测仪,它是可用来检测对称光的前照灯,如自动追踪光轴式前照灯检测仪等。另一类是采用 ECE 标准(联合国欧洲经济委员会标准)的前照灯检测仪,它可用于检测对称光和非对称光前照灯。这类检测仪主要有两种结构形式:一种是投影式前照灯检测仪,其屏幕采用特殊材料制作,易于识别被测前照灯光束投影的明暗截止线;另一种是采用 CCD 和光电技术的 CCD 前照灯检测仪。

前照灯检测仪按其结构特征和测量方法可分为聚光式、屏幕式、投影式和自动追踪光轴式等几种类型。这些不同类型的前照灯检测仪均由接受前照灯光束的受光器、使受光器与汽车前照灯对正的校准装置、前照灯发光强度指示装置、光轴偏斜方向和偏斜量指示装置,以及支柱、底板、导轨、车辆摆正找准装置等组成。

1. 聚光式前照灯检测仪

如图 7-6 所示,检测时将其放置于前照灯前方 1m 的距离处,将前照灯的散射光束用受光器的聚光透镜聚合起来,根据聚合光束对光电池的照射,来检测前照灯的发光强度和光轴偏斜量。根据不同的检测方法,它又可以分成下列几种形式:

(1)移动反射镜式

移动反射镜检测法如图 7-7 所示。前照灯的光束经聚光透镜聚合和反射镜反射后,照射到光电池上。若转动光轴刻度盘,反射镜的安装角将发生变化,照射光电池的光束位置也将随之变化,从而使光轴偏斜指示计的指针产生偏转。检测时,转动光轴刻度盘使光轴偏斜指示计的指针指向零位,这时从光轴刻度盘即可读出光轴的偏斜量;同时,光度计也指示出发光强度值。

(2)移动光电池式

移动光电池检测法如图 7-8 所示。若转动上下或左右光轴刻度盘,则光电池就随之移动,光电池的受光面位置也将随之变化,从而使光轴偏斜指示计的指针产生偏转。检测时,转动光轴刻度盘使光轴偏斜指示计的指针指向零位,这时从光轴刻度盘即可读出光轴的偏斜量;同时,光度计也指示出发光强度值。

图 7-6 聚光式前照灯检测仪
1-车轮;2-导轨;3-底座;4-升降手轮;5-光度计;6-左右偏斜指示计;7-光轴刻度盘(左、右);8-支柱;9-汽车摆正找准器;10-光度、光轴变换开关;11-光轴刻度盘(上、下);12-上下偏斜指示计;13-前照灯照准器;14-聚光透镜;15-角度调整螺钉

图 7-7　移动反射镜检测法

1-光轴刻度盘；2-前照灯；3-聚光透镜；
4-光轴偏斜指示计；5-光电池；6-反射镜

（3）移动透镜式

移动透镜检测法如图 7-9 所示。聚光透镜和光电池用特殊的连接器连成一体,移动与其连动的光轴检测杠杆,光轴偏斜指示计的指针将产生偏转。检测时,移动光轴检测杠杆,使光轴偏斜指示计的指针指向零位,根据与杠杆连动的指针指示值,即可读出光轴的偏斜量;同时,光度计也指示出发光强度值。

2. 屏幕式前照灯检测仪

将检测仪放在前照灯前方 3m 的检测距离轴处,把前照灯的光束照射到屏幕上来检测光轴偏斜量和发光强度。其构造如图 7-10 所示,在固定屏幕上装有可以左右移动的活动屏幕,在活动屏幕上装有能上下移动的内部带光电池的受光器。检测时,移动受光器和活动屏幕,根据光度计指示值为最大时的位置找到主光轴的方向,然后由固定屏幕和活动屏幕上的光轴刻度尺即可读出光轴偏斜量;同时,可从光度计的指示值得出发光强度。

图 7-8　移动光电池检测法

1-前照灯；2-聚光透镜；3、5-光轴刻度盘；4-光电池

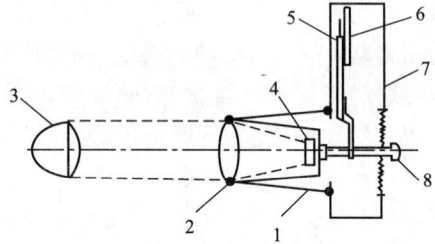

图 7-9　移动透镜检测法

1-连接器；2-聚光透镜；3-前照灯；4-光电池；
5-指针；6-光刻度盘；7-外壳；8-光轴检测杠杆

图 7-10　屏幕式前照灯检测仪

1-底座；2-光轴刻度尺（左）；3-固定屏幕；4-支柱；5-车辆摆正找准器；6-光度计；7-对正前照灯照准器；8-光轴刻度尺（右）；
9-活动屏幕；10-光轴刻度尺（上、下）；11-受光器

3. 投影式前照灯检测仪

投影式前照灯检测仪是将前照灯光束的影像映射到投影屏上,从而检测出发光强度和光轴偏斜量。检测时,将检测仪放在前照灯前方 3m 的检测距离处。

投影式前照灯检测仪的构造如图7-11所示。在聚光透镜的上下和左右方向装有四个光电池。前照灯光束的影像通过聚光透镜、光度计的光电池和反射镜后，映射到投影屏上，如图7-12所示。在检测时，通过上下和左右移动受光器使光轴偏斜指示计的指针指向零位，即上下与左右光电池的受光量相等，从而找到被测前照灯主光轴的方向。然后根据投影屏上前照灯光束影像的位置，即可得出主光轴的偏斜量；同时，可从光度计的指示值得出发光强度。

常用的光轴测量方法有以下两种：

（1）投影屏刻度式检测主光轴偏斜量的方法。在投影屏上刻有表示光轴偏斜量的刻度线，根据前照灯影像中心在投影屏上所处的位置，就可以直接测出光轴偏斜量。

（2）光轴刻度盘式检测主光轴偏斜量的方法。转动光轴刻度盘，使前照灯影像中心与投影屏坐标原点重合，然后由光轴刻度盘上的刻度即可看出光轴的偏斜量。

4. 自动追踪光轴式前照灯检测仪

自动追踪光轴式前照灯检测仪的构造如图7-13所示。在受光器的面板上，聚光透镜上下和左右装有四个光电池，受光器的内部也装有四个光电池，分别构成主、副受光器，如图7-14、图7-15所示。另外，还有由两组光电池电流差所控制的能使受光器沿上下和水平方向移动的驱动和传动装置。

图7-11　投影式前照灯检测仪

1-车轮；2-底座；3-导轨；4-光电池；5-上下移动手柄；6-光轴刻度盘（上、下）；7-光轴刻度盘（左右）；8-支柱；9-左右偏斜指示计；10-上下偏斜指示计；11-投影屏；12-车辆摆正找准器；13-光度计；14-聚光透镜；15-受光器

图7-12　投影式前照灯检测仪光束影像的映射原理

1-聚光透镜；2-光电池；3-聚光透镜；4-光轴刻度盘；5-光度计光电池；6-投影屏；7-反射镜

图7-13　自动追踪光轴式前照灯检测仪

1-在用显示器；2-左右偏斜指示计；3-光度计；4-上下偏斜指示计；5-车辆找准装置；6-受光器；7-聚光透镜；8-光电池；9-控制箱；10-导轨；11-电源开关；12-熔断丝；13-控制盒

检测时，将检测仪放在前照灯前方3m的检测距离处。当前照灯光束照射到受光器上

时,若前照灯光束照射方向偏斜,则主、副受光器上下或左右光电池的受光量不等,它们分别产生的电流失去平衡,由其电流的差值控制受光器上下移动的电动机或控制箱左右移动的电动机运转,并通过钢丝绳牵动受光器上下移动或驱动控制箱在轨道上左右移动,直至受光器上下、左右光电池受光量相等为止。这就是所谓的自动追踪光轴,追踪时受光器的位移由光轴偏斜指示计指示,发光强度由光度计指示。

图7-14 自动追踪光轴式前照灯检测仪受光器的构造

1、3-聚光透镜;2-主受光器光电池;4-中央光电池;5-副受光器光电池

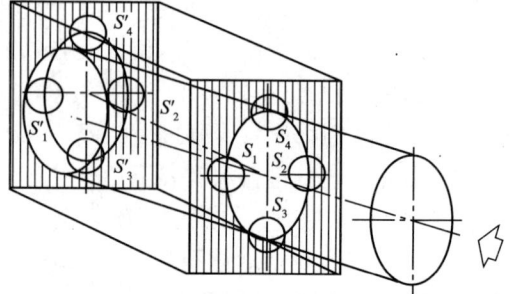

图7-15 主、副受光器光电池

任务二 汽车前照灯检测

一、汽车前照灯检测的相关标准

前照灯的发光强度、光束照射位置在《机动车运行安全技术条件》(GB 7258—2012)中具有明确的规定;其前照灯配光特性在《汽车用灯丝灯泡前照灯》(GB 4599—2007)中也有明确的要求。

1. 前照灯远光光束发光强度要求

汽车每只前照灯的远光光束发光强度应达到表7-1的要求。测试时,其电源系统应处于充电状态。

前照灯远光光束发光强度要求 表7-1

机动车类型	检查项目			
	新注册车(cd)		在用车(cd)	
	二灯制	四灯制	二灯制	四灯制
最高设计车速小于70km/h的汽车	10000	8000	8000	6000
其他汽车	18000	15000	15000	12000

注:四灯制是指前照灯具有四个远光光束;采用四灯制的机动车其中两只对称的灯达到两灯制的要求时视为合格。

2. 前照灯光束照射位置要求

(1)前照灯近光光束照射位置:前照灯照射在距离10m的屏幕上时,乘用车前照灯近光光束明暗截止线转角或中点的高度应为$0.7H \sim 0.9H$(H为前照灯基准中心高度,下同),其他汽车应为$0.6H \sim 0.8H$。汽车前照灯近光光束水平方向位置向左偏不允许超过170mm,向右偏不允许超过350mm。

(2)前照灯远光光束及远光单光束灯照射位置:前照灯照射在距离10m的屏幕上时,要

求在屏幕光束中心离地高度,对乘用车为 $0.9H \sim 1.0H$,对其他汽车为 $0.8H \sim 0.95H$;汽车前照灯远光光束水平位置要求,左灯向左偏不允许超过 170mm,向右偏不允许超过 350mm,右灯向左或向右偏均不允许超过 350mm。

3. 前照灯配光性能要求

前照灯配光性能应在前照灯基准中心前 25m,过 HV 点的垂直配光屏幕上测定,其配光屏幕的布置如图 7-16 所示。

图 7-16　在配光屏幕上测定配光性能(尺寸单位:cm)

(1)近光的配光要求

①在配光屏幕上,近光应产生明显的明暗截止线,其水平线部分在 $V—V$ 线的左半边,右半边为与水平线向上 15° 的斜线,或向上呈 45° 斜线至水平线垂直距离 250mm 转向水平的折线。明暗截止线上方为暗区、下方是明区。

②在配光屏幕上的照度值,应符合表 7-2 的规定。Ⅲ区尤其是 $B50L$ 处应尽可能暗些,以防对方驾驶员炫目;Ⅳ区代表车前方 $25 \sim 50m$ 处,是近光照明区,应有足够的照度;Ⅰ区

前照灯近光照度要求　　　　　　　　　　　　　　　　表 7-2

测试点或测试区域	白炽前照灯(lx)		卤钨前照灯(lx)	
	最大值	最小值	最大值	最小值
$B50L$	0.3	—	0.3,0.4①	—
75R	—	6	—	12
75L	—		12	
50R	—	6	—	12
50L	—		15	
50V	—		—	6
25L	—	1.5		2
25R	—	1.5		2
Ⅲ区任何点	0.7	—	0.7	—
Ⅳ区任何点	—	2		3
Ⅰ区任何点	20		$2E_{50R}$②	

注:①单光束为 0.3,双光束为 0.4。

②E_{50R} 为 50R 实测照度。

109

代表车前方 10～25m 处,是照得最亮的区域,为避免与其他区域产生过大的明暗对比,其最大照度有所限制。

③在 Ⅰ、Ⅱ、Ⅲ 和 Ⅳ 区域内,其水平方向相邻间的照度应无明显的陡变,以不致影响良好的可见度。

(2)远光的配光要求

①远光在配光屏幕上的照度值,应符合表 7-3 的规定。

前照灯远光照度要求　　　　　　　　　　　　表 7-3

测试点或测试区域	白炽前照灯(lx)		卤钨前照灯(lx)	
	最大值	最小值	最大值	最小值
最大照度 E_{max}	—	32	240	48
HV 点	—	$0.9E_{max}$	—	$0.8E_{max}$
HV 点至 $1125L$ 和 R	—	16	—	24
HV 点至 $2250L$ 和 R	—	4	—	6

②双光束卤钨前照灯,其远光最大照度应不大于近光在 $75R$ 点测试照度的 16 倍。

二、光束照射位置的屏幕法检测

用屏幕法检测前照灯光束照射位置时,汽车应空载停在水平坚硬的场地上,允许乘 1 名驾驶员,轮胎气压应符合汽车制造厂的规定。在距前照灯 10m 处设一专用屏幕,如图 7-17 所示。专用屏幕应垂直地面,其上画有三条垂直线和三条水平线,中间垂直线 $V—V$ 与被检车辆的纵向中心线对正,两侧的垂直线 $V_左—V_左$ 和 $V_右—V_右$ 分别为被检车辆的左右前照灯的中心线;水平线 $h—h$ 与被检车辆的前照灯的中心等高,距地面高度为 $H(mm)$,其值视被检车型而定;中间水平线的高度为 H_1,与被检车辆的前照灯远光光束中心的规定上限值 $(0.9H)$ 等高;下面水平线的高度为 H_2,与被检车辆的前照灯近光光束中心的规定上限值 $(0.8H)$ 等高。标准规定远近光光束中心高度的偏差范围分别为 $0.05H$ 与 $0.2H$,即其下限值分别为 $0.85H$ 和 $0.6H$。

图 7-17　用屏幕法检测前照灯光束照射位置

检测时,先遮住一边的前照灯,然后打开前照灯的近光开关,未遮盖的前照灯的近光明暗截止线转角或光束中心应落在由高度为 $0.6H$、$0.8H(H_2)$ 的两条水平线及距汽车纵向中心线为 $(1/2)S+100(\mathrm{mm})$、$(1/2)S-100(\mathrm{mm})$ 的两条垂直线所围的矩形面积内,否则表明近光光束照射位置不合格。用同样方法检测另一边前照灯近光光束的照射位置。因为我国规定"车辆夜间行驶会车时使用近光灯",所以近光光束照射位置正确与否,直接关系到夜间的行车安全。故在检测双光束前照灯时,以检测近光光束为主。

对于远光单光束前照灯,则要检测远光光束的照射位置,检测方法同前,但其光束中心应落在高度为 $0.85H$、$0.9H(H_1)$ 的两条水平线及距汽车纵向中心线为 $(1/2)S+100(\mathrm{mm})$、$(1/2)S-170(\mathrm{mm})$(左灯);右灯为 $(1/2)S+170(\mathrm{mm})$、$(1/2)S-170(\mathrm{mm})$ 的两条垂直线所围的矩形面积内,方为合格。

用屏幕法检测前照灯,其方法简单易行,有一定的实用价值,但它只能检测出光束的偏斜方向和偏斜量,不能检测发光强度,而且为适应不同车型的检测,需经常更换屏幕,检测效率低,同时需占用较大场地。

三、前照灯检测仪的检测方法

不同牌号、形式的检测仪,其使用方法有所不同,所以一定要先认真阅读检测仪的使用说明书。一般的使用方法如下:

1. 检测前的准备

(1)检测仪的准备

①切断光轴光度转换开关(相当于不受光状态),检测各指示计的机械零点,若有偏差应加以调整。

②检查各镜面有无污垢,若有则加以清除。

③检查水准器有无气泡或气泡位置,若无或位置不准,则应进行修理或调整。

④检查支柱、升降台和导轨,看动作是否自如或有无脏污,否则应进行修理或清除。

(2)车辆的准备

①清除前照灯上的污垢。

②检查并调整轮胎气压。

③蓄电池应处于充足电状态。

2. 检测方法

非全自动前照灯检测仪一般要进行以下步骤:

(1)将被检车辆沿垂直屏幕或导轨方向驶近检测仪,并按规定要求的测量距离停好车辆。

(2)用车辆摆正找准器使检测仪与被检汽车对正。

(3)开亮前照灯进行检测。

(4)根据光轴刻度盘、指示计或屏幕刻度以及光度计即可得出光轴偏斜量和发光强度。

全自动检测仪的使用方法:

(1)仪器与被检车辆的对准

将被检车辆垂直对准仪器的光接收箱。一般在检测场地上画出行驶标志线(安装时已保证仪器的光接收箱正面与行驶标志线垂直),如车辆停放时其纵向中心线与行驶标志线平行,则可认为已对准,否则应进行如下对准工作:

①在被检车的纵向中心线(或其平行线)上设定前后距离不少于 1m 的两个标志点(物)。

②通过仪器的瞄准器进行瞄准和调整。

（2）检测距离的确认

此检测距离指光接收箱正面与被检前照灯基准中心之间的距离。利用光接收箱下部附装的钢卷尺检查此距离是否符合要求。

（3）手动控制和自动测定方式

被检车应在空载、坐一名驾驶员的条件下进行检测。

被检车开亮前照灯后，通过操纵控制开关使仪器的光接收箱进入照射范围，然后按下"测定"开关，"测定"指示灯亮，仪器进入测定工作状态。在此状态下，仪器将自动测定发光强度和光轴偏移量并通过各显示表将结果直接显示出来。检测完后，按控制开关将使仪器退出测定工作状态。

（4）全自动测定方式

全自动测定方式操作比较简单，在用户将计算机上的拨码开关拨到所需的测单灯或测双灯位置，从左边进入或从右边进入测定。设置好之后，将仪器移到导轨一侧，检测箱移到最低位置（初始位置）。然后按下仪器的进入键，即可进行自动检测。检测结果可由检测线上的计算机通过串行口读取。检测完毕，仪器将自动返回初始位置。

四、前照灯检测仪的使用及维护

1. 使用注意事项

（1）检测仪要事先调整水平。

（2）检测仪不要受外来光线的影响。

（3）必须在汽车保持空载并乘坐一名驾驶员的状态下检测。

（4）汽车有四个前照灯时，一定要把辅助前照灯遮住后再进行测量。

（5）开亮前照灯受光器后，一定要使光电池灵敏度稳定后再进行测量。

（6）仪器不用时，要用罩子把受光器盖好，并注意不要受潮、受冲击或让阳光直射。

2. 前照灯检测仪的维护

应对前照灯检测仪制定良好的维护制度和建立维修档案。建议每三个月对仪器校准或标定一次，以提高维护水平。下面以全自动前照灯检测仪为例，进行简单说明。

（1）导轨应每日清洗，其运行表面不得有沙粒、油泥及其他阻碍仪器运行的异物。

（2）前立柱应每日清洁，防止灰尘积聚。每日工作前，应为其加上适量的20号机油，以保证润滑良好。

（3）受光面正面的玻璃镜应经常用软布擦拭，不应有灰尘、油雾等阻碍光线透射的异物存在。

（4）后立柱每周至少清洁一次，并加上适量的20号机油，以保证润滑良好。

（5）传动链条每日清洁一次（可用棉布浸润汽油抹洗），并加上适量的20号机油或钙基润滑脂。

（6）传动轴承应每月加钙基润滑脂一次。

五、检测结果分析

前照灯检验不合格有两种情况：一是前照灯发光强度偏低，二是前照灯照射位置偏斜。

1. 前照灯发光强度偏低

前照灯发光强度偏低又有下列几种情况：

（1）左右前照灯发光强度均偏低

①检查前照灯反光镜的光泽是否明亮，如灰暗、镀层剥落或发黑应予更换。

②检查灯泡是否老化、质量是否符合要求，如老化或质量不符合要求，光度偏低者应更换。

③检查蓄电池端电压是否偏低，如端电压偏低，应先充足电再检测。送检汽车普遍存在蓄电池电量不足、端电压偏低的现象。如由蓄电池供电，前照灯发光强度一般很难达到标准的规定；如由发电机供电，则大部分汽车前照灯发光强度增加，多数可达到标准规定。

（2）左右前照灯发光强度不一致

检查发光强度偏低的前照灯的反射镜光泽是否灰暗，灯泡是否老化，质量是否符合要求。一般多为搭铁线路接触不良或变光开关接触不良。

（3）所有灯都不亮

蓄电池至总开关之间的火线断路；灯总开关损坏；电源总熔断丝熔断；电子自动变光器损坏（对于电子控制前照灯）；远光灯或近光灯的导线都断路或接触不良；前照灯搭铁不良。

（4）远光灯或近光灯不亮

变光开关或自动变光器损坏；远光灯或近光灯的导线有一根断路；双丝灯泡的远光灯或近光灯丝有一根烧断；灯光继电器损坏；传感器损坏。

（5）前照灯灯光暗淡

熔断丝松动；导线接头松动；前照灯开关或继电器触点接触不良；发动机输出电压低，用电设备漏电；负荷过大。

（6）灯泡经常烧坏

发电机输出电压过高。

2. 前照灯光束照射位置偏斜

前照灯安装位置不当或因强烈振动而错位致使光束照射位置偏斜超标时，应予以调整。前照灯光束照射位置偏斜的调整可在前照灯检验仪上进行。先将左右及上下光轴刻度盘旋钮置于所需要调整的方位上，然后调整被检前照灯的安装螺钉，直至左右指示表及上下指示表指针均指向零点即可。

思考题七

1. 发光强度和照度有什么关系？

2. 前照灯的光学特性包括哪几个方面？

3. 前照灯检测仪的类型有哪些？它由哪些主要装置组成？

4. 简述前照灯检测仪的检测原理。

5. 用前照灯检测仪检测汽车前照灯的发光强度和光轴偏移量时，需提前进行哪些准备？

6. 如何使用自动追踪光轴式前照灯检测仪进行前照灯的检测？

学习情景八　汽车公害分析及检测

　　某客户到 4S 店进行车辆维护，并向接待人员诉说他的奥迪 A6 汽车下个月就要进行年检，但担心排放超标，过不了年检，希望 4S 店能给出一个解决方案。

　　客户担心自己的车辆年检排放超标，要求给处一个解决方案。

　　要完成这个工作任务，首先应熟悉汽车排放污染物的成因，包括废气和噪声；熟悉汽车废气和噪声排放的检测标准；了解检测设备或仪器的工作原理，熟悉检测的方法和步骤。下面就分步来完成本学习情景的学习任务。

任务一　汽车废气排放检测

　　随着汽车保有量的不断增加，汽车排放物对环境的影响越来越引起人们的重视，并被列为城市公害之一，它不仅污染了人类的生存环境，而且还影响着人们的身体健康。

一、废气的成分及其特性

　　汽车废气主要从汽车排气管中排出，其成分主要包括一氧化碳（CO）、二氧化碳（CO_2）、碳氢化合物（HC）、氮氧化物（NO_x）、硫氧化物（SO_x）和微粒物等，也有部分废气是从曲轴箱和油箱等地方排出的。

　　1. 一氧化碳（CO）

　　一氧化碳占汽油车废气中有害浓度的比例最大，是汽油燃烧不完全的产物。一氧化碳是一种无色、无味的气体，极易与血液中的血红蛋白结合，其结合的速度比氧气快 250 倍，因此人体吸入的 CO 后，很容易造成体内缺氧而引起窒息。CO 一旦吸入体内，还将会危害中枢神经系统，造成人的感觉、反应、理解、记忆力等机能障碍，重者危害血液循环系统，导致生命危险。

　　CO 主要在以下几种情况下产生：

　　（1）混合气分布不均匀：理论上讲，当混合气空燃比≥14.7∶1 时，废气中将不含 CO 而代之产生 CO_2 和未参加燃烧的 O_2，但现实中，由于混合气的分布并不均匀，总会出现局部缺氧的情况，而产生 CO。

　　（2）空气量不足：当混合气空燃比≤14.7∶1 时，必然会有部分燃料不能完全燃烧而生成 CO，如发动机在怠速时、发动机在加速和大负荷范围工作时或点火时刻过分推迟时。

　　（3）高温分解：由于燃烧后的高温，已经生成的 CO_2 也会有小部分被分解成 CO 和 O_2。

　　（4）还原反应：排气中的 H_2 和未燃烃也可能将排气中的部分 CO_2 还原成 CO。

　　2. 二氧化碳（CO_2）

　　CO_2 是含碳燃料燃烧的必然产物，它是一种无色无毒气体，对人体无直接危害。但大气中 CO_2 增加到一定范围时，因其对红外热辐射的吸收而形成的温室效应，会使全球气温上升而导致冰层溶化、海平面上升以及大陆腹地沙漠化趋势加剧,使人类和动植物赖以生存的生态环境遭到破坏。据统计,大气中的 CO_2 约30%来自汽车废气。

3.碳氢化合物(HC)

碳氢化合物是发动机燃烧不彻底、低温激冷、曲轴箱窜气或者燃油箱蒸发的产物,其成分非常复杂,包括多种烃类化合物,总称烃类。当混合气过稀或缸内废气过多时,会出现火焰传播不充分,即燃烧室部分地区由于混合气过稀或缸内残余废气系数过高而不能燃烧,出现断火,这时排气中的 HC 浓度会显著增加。

碳氢化合物和氮氧化物在阳光紫外线作用下,会发生光化学反应而产生烟状物质,称为光化学烟雾。光化学烟雾对人体健康有严重危害,还会妨碍生物的正常生长。1952 年 12 月,伦敦发生光化学烟雾,4 天中死亡人数较常年同期多 4000 人,45 岁以上的死亡最多,约为平时的 3 倍;1 岁以下的约为平时的 2 倍;1998 年,曾有北京出现光化学烟雾事件的报道;2001 年,也有南宁发生光化学烟雾事件的报道。汽车排放污染物的危害就是从光化学烟物事件中引起人们注意的。

4.氮氧化物(NO_x)

氮氧化物主要指一氧化氮(NO)和二氧化氮(NO_2)等氮氧化物的总成,主要由排气管排出。它对人体的影响是,刺激眼睛、引起角膜炎、喘息症、肺气肿等,氮氧化物还是形成光化学烟雾的成分,高浓度的 NO 能引起神经中枢的障碍。

氮氧化物是发动机高温的产物,试验证明,供给略稀的混合气(空燃比≥15.5)和在温度较高情况下会增大 NO_x 的排放量。汽油机排出的氮氧化物中,NO 占99%,而柴油机排出的氮氧化物中,NO_2 比例稍大。

5.硫氧化物(SO_x)

汽车内燃机废气中硫氧化物的主要成分为二氧化硫(SO_2)。当汽车使用催化净化装置时,SO_2 会逐渐在催化剂表面堆积,造成所谓催化剂中毒,不但会缩短催化剂的使用寿命,还会危害人体健康,而且 SO_2 还是造成酸雨的主要物质。

6.微粒物(PM)

汽油机中主要微粒为,铅化物、硫酸盐、低分子物质;柴油机中主要微粒为,石墨形的含碳物质(炭烟)和高分子量有机物(润滑油的氧化和裂解产物)。它的来源主要有:不可燃物质、可燃的但未进行燃烧的物质、燃烧生成物,以及来自于燃料中的抗爆剂、润滑油添加剂、运动产生的磨屑等含金属成分的微粒物。

柴油机的微粒量比汽油机多30~60倍,成分比较复杂。特别是炭烟,主要由直径 0.1～10μm 的多孔性碳粒构成,它不仅影响道路上的能见度,还含有少量的带有特殊臭味的乙醛,能引起人们恶心和头晕,而且炭烟粒会被吸入肺部沉淀下来,且其上黏附有 SO_2 及致癌物质,严重危害人体健康。

上述汽车排出的废气中,汽油车排放的主要废气为 CO、HC 和 NO,柴油车排放的主要废气为 CO、NO_x 和炭烟。关于各种废气所占的比例可参考 8-1 所列数据。

二、检测标准

1.点燃式发动机汽车排气污染物排放限值

国家标准《点燃式发动机汽车排气污染物排放限值及测量方法(双怠速法及简易工况法)》(GB 18285—2005)中规定,对于装配点燃式发动机的新生产汽车,形式核准和生产一致性检查的排气污染物排放限值见表8-2;装配点燃式发动机的在用汽车,排气污染物排放限值见表8-3。

汽油机与柴油机排放废气成分表　　　　表8-1

成　分	汽油机废气中所占比例(%)	柴油机废气中所占比例(%)	成　分	汽油机废气中所占比例(%)	柴油机废气中所占比例(%)
N_2	72	75.2	HC	0.08	0.07
CO_2	17	7.1	NO_x	0.13	0.29
O_2	9.36	16.88	其他	0.03	0.17
CO	1.4	0.29			

新生产汽车排气污染物排放限值(体积分数)　　　　表8-2

车　型	类　别			
	怠速		高怠速	
	CO(%)	HC(10^{-6})	CO(%)	HC(10^{-6})
2005年7月1日起新生产的第一类轻型汽车	0.5	100	0.3	100
2005年7月1日起新生产的第二类轻型汽车	0.8	150	0.5	150
2005年7月1日起新生产的重型汽车	1.0	200	0.7	200

在用汽车排气污染物排放限值(体积分数)　　　　表8-3

车　型	类　别			
	怠速		高怠速	
	CO(%)	HC(10^{-6})	CO(%)	HC(10^{-6})
1995年7月1日前生产的轻型汽车	4.5	1200	3.0	900
1995年7月1日起生产的轻型汽车	4.5	900	3.0	900
2000年7月1日起生产的第一类轻型汽车	0.8	150	0.3	100
2001年10月1日起生产的第二类轻型汽车	1.0	200	0.5	150
1995年7月1日前生产的重型汽车	5.0	2000	3.5	1200
1995年7月1日起生产的重型汽车	4.5	1200	3.0	900
2004年9月1日起生产的重型汽车	1.5	250	0.7	200

2. 压燃式发动机汽车排气污染物排放限值

《车用压燃式发动机和压燃式发动机汽车排气烟度排放限值及测量方法》(GB 3847—2005)中规定了使用稳定转速试验的烟度排放限值(表8-4)和自由加速排气烟度排放限值。

对于新生产汽车,应按要求进行自由加速试验。测得的光吸收系数不应大于该汽车装用发动机形式核准批准的自由加速试验排气烟度排放的限值加0.5/m。汽车制造厂应确保新生产汽车满足该要求,否则不得出厂。

对于装用涡轮增压器的发动机的汽车,其自由加速试验测得的光吸收系数应满足排放限值。该限值是表8-4规定的、在稳定转速试验中测得的最大光吸收系数对应的名义流量所规定的限值,再加0.5/m。

对于本标准实施后生产的在用汽车,应按要求进行自由加速试验,所测得的排气光吸收系数不应大于车型核准批准的自由加速排气烟度排放限值,再加0.5/m。

名义流量 G （$G=L/S$）	光吸收系数 k （1/m）	名义流量 G （$G=L/S$）	光吸收系数 k （1/m）	名义流量 G （$G=L/S$）	光吸收系数 k （1/m）
≤42	2.26	105	1.465	165	1.17
45	2.19	110	1.425	170	1.155
50	2.08	115	1.395	175	1.14
55	1.985	120	1.37	180	1.125
60	1.90	125	1.345	185	1.11
65	1.84	130	1.32	190	1.095
70	1.775				
75	1.72	135	1.30	195	1.08
80	1.665	140	1.27	≥200	1.065
85	1.62	145	1.25		
90	1.575	150	1.225		
95	1.535	155	1.205		
100	1.495	160	1.19		

注：虽然以上数值均修约至最接近的 0.01～0.005，但这并不意味着测量也需要精确到这种程度。

对于 2001 年 10 月 1 日起至本标准实施之日生产的在用汽车，应按要求进行自由加速试验，所测得的排气光吸收系数不应大于以下数值：自然吸气式，2.5/m；涡轮增压式，3.0/m。

对于自 1995 年 7 月 1 日起至 2001 年 9 月 30 日期间生产的在用汽车，应按要求进行自由加速试验，所测得的烟度值应不大于 4.5Rb。

自 1995 年 6 月 30 日以前生产的在用汽车，应按要求进行自由加速试验，所测得的烟度值应不大于 5.0Rb。

3.《轻型汽车污染物排放限值及测量方法（中国Ⅲ、Ⅳ阶段）》（GB 18352.3—2005）

《轻型汽车污染物排放限值及测量方法（中国Ⅲ、Ⅳ阶段）》（GB 18352.3—2005）适用范围为：以点燃式发动机或压燃式发动机为动力、最大设计车速大于或等于 50km/h、最大总质量不超过 3500kg 的 M1 类、M2 类和 N1 类汽车。其中，第Ⅲ阶段标准 2007 年 7 月 1 日执行；第Ⅳ阶段标准 2010 年 7 月 1 日执行。第Ⅰ、Ⅱ、Ⅲ和Ⅳ阶段的限值，见表8-5。

第Ⅰ、Ⅱ、Ⅲ和Ⅳ阶段的限值　　　　　　　　　　　表8-5

项目	Ⅰ阶段（g/km）					Ⅱ阶段（g/km）				
	CO	HC	NOx	HC+NOx	PM	CO	HC	NOx	HC+NOx	PM
汽油车	2.72			0.97		2.2			0.5	
柴油车	2.72			0.97	0.14	1.0			0.7	0.08
直喷式柴油车	2.72			1.36	0.20	1.0			0.9	0.10
项目	Ⅲ阶段（g/km）					Ⅳ阶段（g/km）				
	CO	HC	NOx	HC+NOx	PM	CO	HC	NOx	HC+NOx	PM
汽油车	2.30	0.2	0.15			1.0	0.1	0.08		
柴油车	0.64		0.50	0.56	0.05	0.5		0.25	0.30	0.025

第Ⅲ、Ⅳ阶段的试验运转循环:见图8-1。

图 8-1　第Ⅲ、Ⅳ阶段的试验运转循环

三、检测仪器

1. 汽油车废气检测的仪器

根据国家标准《点燃式发动机汽车排气污染物排放限值及测量方法(双怠速法及简易工况法)》(GB 18285—2005)和行业标准《汽油车简易瞬态工况法排气污染物测量设备技术要求》(HJ/T 290—2006)可知,汽油车排放污染物检测的仪器有:有底盘测功机、气体分析仪、流量计和污染物排放检测计算机控制软件等。这里主要介绍气体分析仪的工作原理及其结构。

(1)气体分析仪的工作原理

汽油车排放物中的 CO、HC、NO 和 CO_2 等气体,对红外线都分别具有能吸收一定波长范围的性质,且红外线被吸收的程度与排气浓度之间有一定的关系,如图8-2所示。不分光红外线分析法就是利用这一原理,即根据检测红外线被汽车废气吸收一定波长范围红外线后能量的变化,来检测排气中各种污染物的含量。在各种气体混在一起的情况下,这种检测方法具有测量值不受影响的特点。

图 8-2　不同气体吸收红外线的情况

利用不分光红外线分析法制成的分析仪,可以制成单独检测某一种排放物含量的单项分析仪,也可以制成能测量多种气体含量的综合分析仪,如 CO/HC 红外线气体综合分析仪(图8-3)、四气分析仪、五气分析仪等。

(2)分析仪内的气体流动路线

不论哪种形式的分析仪,一般都由废气取样装置、废气分析装置、含量指示装置和校准装置等组成,其内的气体流动路线如图8-4所示。

图 8-3 CO/HC 红外线气体综合分析仪
1-导管;2-滤清器;3-低含量取样探头;4-离含量取样探头;5-CO 指示仪表;6-HC 指示仪表;7-标准 HC 气样瓶;8-标准 CO 气样瓶

图 8-4 CO/HC 气体综合分析仪内气体流动路线
1-取样探头;2、5-滤清器;3-导管;4-废气取样装置;6、11-泵;7-换向阀;8-废气分析装置;9-流量计;10-浓度指示装置;12-水分离器

2. 柴油车废气检测的仪器

(1) 不透光度烟度计

不透光度烟度计测量废气中可见污染物(主要是烟尘微粒)含量的原理是:使光束通过被测废气(烟)一段给定的长度,通过测量废气吸收光的程度,得到废气中可见污染物的含量,因此有时也称为光吸收系数法。

不透光度烟度计的结构如图8-5所示,被测废气从中间的测量室入口7进入,分别穿过左圆管从测量室左出口5和右圆管从测量室右出口8排出;透镜4装在左出口的左边,反射镜10装在右出口的右边;在透镜4的左侧是一个放置呈45°角的半反射半透射镜3,它的下方是绿色发光二极管2,它的左边是光电转换器1,绿色发光二极管2及光电转换器到透镜4的光程都等于透镜的焦距。因此,绿色发光二极管2发出的光,经半反射半透射镜3反射,在通过透镜4后就成为一束平行光。

图 8-5 不透光度烟度计
1-光电转换器;2-绿色发光二极管;3-半反射半透射镜;4-透镜;5-测量室左出口;6-左风扇;7-测量室入口;8-测量室右出口;9-右风扇;10-反射镜

平行光从烟度计的测量室左出口5进入,穿过左右圆管(测量室)的烟气从测量室右出口8射出,被反射镜10反射后折返,从测量室的测量室右出口8重新进入测量室,再次穿过烟气从测量室左出口5射出。射出的平行光经过透镜4,穿过半反射半透射镜3,聚焦在光电转换器1上,并转换成光电信号。废气中含烟越多,平行光穿过测量室时的光能衰减越大,经光电转换器1转换的光电信号就越弱。

(2) 滤纸式烟度计

滤纸式烟度计的检测原理是从排气管抽取规定容积的废气,使之通过规定面积的标准洁白滤纸,其滤纸被染黑的程度称之为烟度。烟度用符号 S_F 表示,烟度单位是无量纲的量,

图 8-6 滤纸式烟度计

1-脚踏开关;2-压缩空气;3-吸气泵;4-滤纸卷;5-取样探头;6-排气管;7-进给机构;8-滤纸;9-光电传感器;10-指示电表

用符号 FSN 表示。滤纸染黑的程度不同,则对照射到滤纸表面光线的反射能力不同。烟度 S_F 表示为:

$$S_F = 10\left(1 - \frac{R_d}{R_c}\right) \qquad (8-1)$$

式中:R_d、R_c——污染滤纸和洁白滤纸的反射因数;

$\dfrac{R_d}{R_c}$——其值由 0 ~ 100% ,分别对应于全黑滤纸的反射和洁白标准滤纸的反射。

滤纸式烟度计的结构如图 8-6 所示,检测时,利用抽气泵从柴油机排气管中抽取一定容积的废气,并使这部分废气通过一定面积的滤纸,使废气中的炭烟粒子吸附在滤纸式烟度计的滤纸上,滤纸变黑,然后用一定的光线照射滤纸,并用光电池接受反射光,再根据光电池产生的电流使仪表指针偏转,把烟度用污染度百分比的形式显示出来。

四、汽油车废气的检测方法和步骤

汽油车废气的检测方法主要有:怠速法、双怠速法、ASM 加速模拟工况法、IM 240 瞬态工况法、VMAS 简易瞬态工况法等。其中,怠速法对于使用化油器的高排放车非常有效,而对于装备电子燃油喷射系统和三元催化转化器的轿车,其则效率明显降低;从费用效益分析瞬态简易工况法,不仅可以提高装备电子燃油喷射系统和三元催化转化器车辆的检测效率,还可取得最大的环境效益。因此,目前检测站逐步在采用 VMAS 简易瞬态工况法检测汽油车的废气。

1. 怠速和双怠速试验法

在国家标准《点燃式发动机汽车排气污染物排放限值及测量方法(双怠速法及简易工况法)》(GB 18285—2005)中规定:怠速工况指发动机无负载运转状态,即离合器处于接合位置、变速器处于空挡位置(对于自动变速器的车,应处于"停车"或"P"挡位);采用化油器供油系统的车,阻风门应处于全开位置;加速踏板处于完全松开位置;高怠速工况指满足上述(除最后一项)条件,用加速踏板将发动机转速稳定控制在 50% 额定转速或制造厂技术文件中规定的高怠速转速时的工况。

标准中,将轻型汽车的高怠速转速规定为(2500 ± 100)r/min,重型车的高怠速转速规定为(1800 ± 100)r/min;如有特殊规定的,按照制造厂技术文件中规定的高怠速转速。

(1)怠速法检测程序

①进行仪器准备和校准。

②进行车辆的准备,包括车辆进气系统应装有空气滤清器,排气系统应装有排气消声器,并不得有泄漏;预热发动机,使发动机冷却液和润滑油温度均达到汽车使用说明书所规

定的热状态;在发动机上安装转速计、点火正时仪、冷却液和润滑油测温计等测试仪器。

③仪器和车辆都满足检测要求后,将发动机由怠速工况加速至 0.7 倍额定转速,维持 60s 后降至怠速状态。

④发动机转速降至怠速状态后,将取样探头插入排气管中,深度等于 400mm,并固定于排气管上。

⑤发动机在怠速状态,维持 15s 后开始读数,读取并记录 30s 内的最高值和最低值,其平均值即为测量结果。

⑥若为多排气管时,取各排气管测量结果的算术平均值。

⑦测量工作结束后,把取样探头从排气管里抽出来,静置 5min,待仪器指针回到零点后再关闭电源。

(2)双怠速法检测程序

①进行仪器准备和校准。

②进行车辆的准备,包括车辆进气系统应装有空气滤清器,排气系统应装有排气消声器,并不得有泄漏;预热发动机,使发动机冷却液和润滑油温度均达到汽车使用说明书所规定的热状态;在发动机上安装转速计、点火正时仪、冷却液和润滑油测温计等测试仪器。

③发动机由怠速工况加速至 0.7 倍额定转速,维持 60s 后降至高怠速。

④发动机降至高怠速状态后,将取样探头插入排气管中,深度等于 400mm,并固定于排气管上。

⑤发动机在高怠速状态维持 15s 后开始读数,读取并记录 30s 内的最高值和最低值,取平均值即为高怠速排放测量结果。

⑥发动机从高怠速状态降至怠速状态,在怠速状态维持 15s 后开始读数,读取 30s 内的最高值和最低值,其平均值即为怠速排放测量结果。

⑦若为多排气管时,分别取各排气管高怠速排放测量结果的平均值和怠速排放测量结果的平均值(高怠速排放测量值应低于怠速排放测量值)。

⑧测量工作结束后,把取样探头从排气管里抽出来,静置 5min,待仪器指针回到零点后再关闭电源。

2. VMAS 简易瞬态工况法

(1)VMAS 简易瞬态工况法的组成

VMAS 简易瞬态工况法的组成如图 8-7 所示。

(2)VMAS 简易瞬态工况法的检测程序

由于 VMAS 简易瞬态工况法需要使用底盘测功机、五气分析仪、流量计和污染物排放检测计算机等设备和仪器,所以其操作起来比较复杂,具体检测程序如下:

①打开配电柜的电源,给变频器、电脑、涡流机、冷却风机和打印机供电,然后起动计算机;计算机起动完毕后,打开检测程序,输入用户名,密码。

②进入主程序后,首先进行设备预热与自检程序,自检程序包括下列几个方面:

a. 测功机预热自检:首先进行举升器升降自检,然后由变频器反拖台体至 30km/h 运转 20min。预热完毕后,传感器清零,进入加载滑行测试。测试区间为 48 ~ 32km/h,从 0 ~ 15kW 内任意选择一个加载负荷值。如果检测数据合格,进入下一个设备自检。

b. 废气仪自检:首先进行通信测试,保证系统与仪器通信正常。废气仪开机后先预热 15min,然后执行调零操作。完毕后进行密封性检测,使用橡皮套封闭取样探头,通过测试后再打开取样探头,之后进行低流量检测。最后进行量程检测。通过后,废气仪自检完毕。

c. 流量计自检:首先进行通信测试,保证系统与仪器通信正常。然后接通风机电源,进行低流量测试。最后进行流量计量程检测。通过后,流量计自检完毕。

图 8-7 VMAS 简易瞬态工况法的组成

d. 电子环境参数仪自检:首先进行通信测试,保证系统与仪器通信正常。然后读取车间温度计、相对湿度计和大气压力计的读数,将信息输入到自检界面中,与电子环境信息仪的数据进行校正。

③车辆准备。车辆上线前应完成清洁工作,保证车轮外部清洗干净,不容许轮胎花纹中夹有石粒,轮胎气压符合标准;引车员驾驶车上滚筒,应注意行车方向,避免斜向上滚筒,车辆上滚筒后应位于滚筒中间位置,并注意两侧车轮不与侧滑挡轮接触,若车辆斜上滚筒或与侧面滑动挡轮接触,应退下滚筒,重新摆正车位;车辆停稳后,举升器下降到位。引车员换上前进挡,让驱动轮在滚筒上缓缓旋转,使车辆在滚筒上自动找正位置安置;车辆在滚筒上安置好后,应用三角木垫到非驱动轮的前方,并用钢丝拉索将车辆固定,以防车辆突然冲出检验台。

④车辆定位同时,计算机控制软件控制废气分析仪完成自动零点校正。

⑤正式进行排放测试之前,发动机应处于怠速状态,变速器置于空挡位置。操作员将废气采样探头插入汽车排气口至少 400mm 深(如车辆为双排气管,操作员应把双取样探头分别插入两排气口),将流量计集气锥管套在排气口,保证排放的废气能被充分采集。

⑥引车员按下遥控器,开始工况排放检测。操作员在操作间可通过程序界面观察各个仪器工作状态;引车员在检测过程中应集中注意力,按驾驶员助手(屏幕)显示的工况曲线及提示来驾驶车辆,尽量保证车速不要超出误差。

⑦检测完毕后,系统提示操作员将取样取管从排气管中取出,置于环境空气中。系统自动地连续反吹清洗取样管路至少 30s,同时举升器升起,驾驶员解除车辆固定装置,将车辆开离测功机。

⑧系统打印检测报告单,完成检测。

3. 检测注意事项

为保证仪器的合理使用和测量结果的准确性,检测作业中应注意以下事项:

（1）不要过度拉伸取样软管，以免导致连接处破损。

（2）取样探头不用时要垂直吊挂，不要平放，以防管内的积水腐蚀取样探头。

（3）不要在有油或有有机溶剂的地方进行检测。

（4）检测结束后，要立即把取样探头从排气管里抽出来。

（5）校准用的标准气样是有毒的，要注意保管。

（6）分析仪不要放置在倾斜、不稳的地方，并应避开振动源。

（7）对于汽油车怠速污染物的检测，一定要使发动机怠速转速和温度符合规定。

（8）防止把水、汽油、灰尘等吸入仪器，否则会影响滤清器、泵、分析部位的正常工作，甚至将其损坏。

（9）检测时，导管不要发生弯折现象。

（10）多部车辆连续检测时，一定要把取样探头从排气管里抽出，并待仪表指针回到零点后，再进行下一部车的测量。

（11）要注意检测地点的室内通风换气，以防人员中毒。

五、柴油车废气的检测

《车用压燃式发动机和压燃式发动机汽车排气烟度排放限值及测量方法》（GB 3847—2005）规定，用光吸收系数来度量可见污染物的大小。检测的方法有稳定转速试验法、自由加速试验法和加载减速工况法。所涉及的检测仪器有不透光度烟度计和滤纸式烟度计。

1. 在用汽车自由加速试验（不透光烟度法）

自由加速工况是指，柴油发动机处于怠速工况（发动机运转、离合器处于接合位置、加速踏板与手油门处于松开位置；当装有自动变速器时，挡位操纵杆置于停车或空挡位置），将加速踏板迅速踩到底，维持数秒后松开。

（1）试验条件

在用汽车自由加速试验应在汽车上进行，试验前汽车不应长时间怠速，以免燃烧室温度降低或积污，试验应采用符合国家标准的商品燃料。

（2）车辆准备

车辆在不进行预处理的情况下也可以进行试验。但是出于安全考虑，必须确保发动机处于热状态，并且机械状态良好。在发动机机油标尺孔位置测得的机油温度应至少为80℃；如果温度低于80℃，发动机也应处于正常运转温度。因车辆结构，无法进行温度测量时，可以通过其他方法使发动机处于正常运转温度，例如，通过控制发动机冷却风扇；采用至少三次自由加速过程或其他等效方法对排气系统进行吹扫。

（3）目测检测车辆的排气系统的相关部件是否泄漏。

（4）测量时，必须在1s内，将加速踏板快速、连续地完全踩到底，使喷油泵在最短时间内供给最大油量。

注意：发动机（包括所有装有废气涡轮增压的发动机），在每个自由加速循环的起点均处于怠速状态；对于重型发动机，将加速踏板放开后至少等待10s；对于每一个自由加速的测量，在松开加速踏板前，发动机必须达到断油点转速。对于带自动变速器的车辆，则应达到制造厂申明的转速（如果没有该数据值，则应达到断油转速的2/3）。

（5）计算结果取最后三次自由加速测量结果的算术平均值。在计算均值时，可以忽略与测量均值相差很大的测量值。

2. 在用汽车加载减速试验(不透光烟度法)

在用汽车加载减速试验主要由三部分组成:第一部分是对车辆进行预先检查,以保证受检车辆与证件的一致性和进行检测的安全性;第二部分是检查检测系统和车辆的状况是否适合进行检测;第三部分则是进行排放检测,检测工作由系统控制自动进行,以保证检测过程的一致性和检测结果的可靠性。

检验时,每条检测线至少应配备三名检测员,一名检测员操作控制计算机,一名检测员负责驾驶受检车辆,另一名检测员进行辅助检查,并随时注意受检车辆在检测过程中是否出现异常情况。

(1)预先检查

预先检查的目的是核实受检车辆是否和行驶证相符,并评价车辆的状况是否能够进行加载减速检测。在检测准备工作中,应特别注意以下事项:对于非全时四轮驱动车辆,应选择后轮驱动方式;对于紧密型多驱动轴的车辆,或全时四轮驱动车辆,不能进行加载减速检测,应进行自由加速排气烟度排放检测。

(2)检测系统的检查

检测系统检查的目的是为了判断底盘测功机是否能够满足待检车辆的功率要求,同时检查检测系统的工作状态是否正常。将待检车辆驾驶到底盘测功机上,举起测功机升降板,并检查是否已将转鼓牢固锁好;放下测功机升降板,松开转鼓制动器。待完全放下升降板后,缓慢驾车使受检车辆的车轮与试验转鼓完全吻合;轻踩制动踏板使车轮停止转动,发动机熄火,按照测功机设备商的建议,将非驱动轮楔住,系扣车辆安全限位装置。对于前轮驱动的车辆,应有防侧滑措施。

(3)检测程序

①起动发动机,变速器置空挡,逐渐增大加速踏板直到开度达到最大,并保持在最大开度状态,记录这时发动机的最大转速,然后松开加速踏板,使发动机回到怠速状态。

②使用前进挡驱动被检车辆,选择合适的挡位,使加速踏板处于全开位置时,测功机指示的车速最接近70km/h,但不能超过100km/h。对于装有自动变速器的车辆,应注意不要在超速挡下进行测量。

③计算机对按上述步骤获得的数据自动进行分析,判断是否可以继续进行检测,所有被判定为不适合检测的车辆都不允许进行加载减速烟度检测。

④在确认机动车可以进行排放检测后,将底盘测功机切换到自动检测状态。

⑤检测员始终将加速踏板保持在最大开度状态,直到检测系统通知松开加速踏板为止。

⑥打印检测报告并存档。

⑦从受检车辆上拆下所有测试和保护装置,将动力舱盖复位。

⑧举起测功机升降板,锁住转鼓。

⑨去掉车轮挡块,确认受检车辆及其行驶路线周围没有障碍物或人员;慢慢将受检车辆驶离底盘测功机,并停放到指定地点。

⑩关闭电源,检测结束。

3. 在用汽车自由加速试验(滤纸烟度法)

(1)测量前检测仪器的准备

首先对仪器进行调零和预热;然后检查取样装置和控制装置中各部机件的工作情况,特别要检查脚踏开关与抽气泵动作是否同步;检查控制和清洗用的压缩空气压力是否符合要求;检查滤纸进给机构的工作情况;检查滤纸是否合格,应洁白无污。

（2）测量前对被检测车辆的准备

发动机进气系统应装有空气滤清器,排气系统应装有消声器并且不得有泄漏;起动、预热发动机至规定的热状态;排气管应能够保证取样探头插入深度≥300mm,否则,排气管应加接管,并保证接口不漏气;必须使用生产厂规定的柴油机润滑油和未加消烟剂的柴油。

（3）检测程序

①将烟度计取样探头逆气流固定于排气管内,深度等于300mm,并使其中心线与排气管轴线平行。

②急加速3次,以消除排气系统中的积存物。

③将踏板开关安装在汽车加速踏板上,或将手动橡皮球通过远控软管引入驾驶室,把吸气泵压到最下端并锁止。

④按图8-8所示的测量规程进行自由加速烟度的测量。

图8-8　测量烟度时发动机运行工况模式

⑤重复取样四次,对第一次采样不测量,后三次读数的算术平均值,其值为该工况下的排气烟度值。

⑥驶出汽车,关闭电源,检测结束。

任务二　汽车噪声检测

一、汽车噪声的来源

汽车噪声是在汽车的不同部位,由汽车运行时所产生的不同频率、不同声强的杂乱的声音组合而成,发出噪声的部位如图8-9所示。

汽车噪声按照噪声产生部位和过程不同,可分为两类,一是与发动机运转有关的噪声,主要包括发动机运转时发出的燃烧噪声、机械噪声、进排气噪声和风扇噪声,以及发动机运转时所带动的各种附件(如压气机、发电机等)发出的噪声;另一类是与汽车行驶有关的噪声,主要包括传动机构(变速器、传动轴及驱动桥)的机械噪声、轮胎发出的噪声、制动器噪声、车身振动及和空气作用所发出的噪声。此外,还有喇叭噪声等。

图8-9　汽车噪声发出的部位

1-冷却系噪声;2-发动机噪声;3-排气噪声;4-轮胎噪声;5-制动噪声;6-驱动噪声;7-进气噪声

1. 与发动机运转有关的噪声

(1)燃烧噪声

燃烧噪声是指发动机汽缸内燃料燃烧产生的声音,是由于汽缸内周期性变化的气体压力作用而产生的,因此通常把燃烧时汽缸压力通过活塞、连杆、曲轴、缸体及汽缸盖等引起发动机结构表面振动而辐射出来的噪声叫燃烧噪声。

汽缸内的压力升高率是影响燃烧噪声的根本因素,压力升高率越大,噪声越高。因而,燃烧噪声主要集中于速燃期,缓燃期的噪声次之;柴油机燃烧噪声比汽油机高得多。

(2)机械噪声

机械噪声是指由于气体压力及机件的惯性作用,使相对运动零件之间产生撞击和振动而形成的噪声。主要包括:活塞连杆组噪声(活塞、连杆、曲轴等运动件撞击汽缸体产生的噪声)、配气机构噪声、柴油机供给系噪声等。

活塞连杆组噪声是发动机最主要的机械噪声源。其噪声大小与活塞和缸壁间隙、发动机转速、负荷、活塞与缸壁间润滑条件、活塞的结构及材料、活塞环数及张力、缸套厚度等有关。配气机构噪声是由于气门开启和关闭时产生的撞击以及系统振动而形成的噪声,气门运动速度、气门间隙、配气机构结构形式、零部件刚度及质量等是影响配气机构噪声的主要因素。柴油机供油系噪声主要是由喷油泵、喷油器和高压油管系统振动引起的,其中喷油泵形成的噪声是主要的机械噪声。为降低喷油泵噪声,可采用提高泵体刚度、采用特种金属或塑料材料、采用隔声罩等方法。

(3)进、排气噪声

进、排气噪声是由于发动机在进、排气过程中的气体压力波动和高速气体流动所引起的振动而产生的噪声。进、排气噪声的强弱受发动机转速和负荷影响较大。随发动机转速的提高,进气噪声增大,负荷对进气噪声影响较小;随着发动机转速的增加,空负荷比满负荷增加的比率更大些。降低进气噪声的最有效措施是,设计合适的空气滤清器,或采用进气消声器。

(4)风扇噪声

风扇噪声由旋转噪声和涡流噪声所组成。旋转噪声是由于风扇旋转时叶片切割空气,引起空气振动所产生的。涡流噪声是由于风扇旋转时叶片周围产生的空气涡流造成的。影响风扇噪声的主要因素是风扇转速。此外,还包含一些机械噪声。

2. 与汽车行驶有关的噪声

(1)传动机构噪声

传动机构噪声主要包括变速器噪声、传动轴噪声和驱动桥噪声。

变速器噪声主要是指齿轮机构噪声,另外还包括轴承运转声、润滑油搅拌声、发动机振动传至变速器箱体而辐射的噪声等。影响变速器噪声的因素主要有:齿轮的运转状况,齿轮的设计参数,齿轮的加工精度等。提高齿轮加工精度,选择合适的齿轮材料,设计固有振动频率高、密封性好、隔声性强的齿轮箱等均可减少变速器噪声。

传动轴噪声主要表现为汽车行驶中传动轴发出周期性响声,且车速越高响声越严重,甚至引起车身发生抖动、驾驶员握转向盘的手有麻木感,这是由于传动轴变形、轴承松旷及装配不良等原因造成的。提高装配精度、检查平衡片有无脱落、避免超速行驶,可减少传动轴噪声。

驱动桥噪声是在汽车行驶时车后部发出的较大响声,其特点是车速越高响声越大。它主要是由于齿隙不合适、齿轮装配不当、轴承调整不当等原因造成的。

（2）制动噪声

制动噪声是汽车制动过程中由制动器摩擦诱发引起制动器等部件振动发出的声响。当制动器由热态转为冷态时所产生制动噪声非常刺耳,也称之为高频噪声。高频噪声不仅影响汽车的舒适性,还会给驾驶员带来不必要的担心。

这种高频噪声,鼓式制动器比盘式制动器大,通常发生在制动蹄摩擦片端部和根部与制动鼓接触的情况下;制动蹄摩擦片长度方向上的压力分布越不规律,噪声越大。

（3）轮胎噪声

轮胎噪声包括:轮胎花纹噪声、道路噪声、弹性振动噪声以及轮胎旋转时搅动空气引起的噪声。花纹噪声和道路噪声都是轮胎和路面相互作用而产生的噪声。弹性振动噪声是由于轮胎不平衡、胎面花纹刚度变化或路面凹凸不平等原因激发胎体振动而产生的噪声。

影响轮胎噪声的因素主要有:轮胎花纹、车速及负荷、轮胎气压、装配情况、轮胎磨损程度、路面状况等。

二、汽车噪声的危害

噪声会使人心情不安、烦躁、疲倦、工作效率下降。汽车的高噪声,会使驾驶员反应时间加长、影响视觉,从而影响驾驶员的行车安全。长期在噪声刺激下,会造成心脏病、耳聋等疾病。如果人们长期在 95dB(A) 的噪声环境里工作和生活,大约有 29% 的人会丧失听力,即使噪声只有 85dB(A),也还会使 10% 的人听力下降。一般来讲,80dB(A) 左右的噪声就会影响人的情绪,100dB(A) 以上的噪声会对人产生生理性的不良影响。噪声还能使人们的视觉产生异常变化。人眼在 90dB(A) 噪声作用下,眼睛区别光亮度的敏感性会降低,识别弱光反应时间延长。85～110dB(A) 的噪声可使 40% 的人瞳孔放大。112～120dB(A) 的噪声会使人的眼睛从某一角度注视物体时感觉其运动速度变慢。

汽车噪声一方面对在外界环境工作和生活的人们造成不良影响,另一方面对驾乘人员健康有直接危害,特别是影响驾驶员的心理,从而影响行车安全。汽车噪声被称为安全行车的隐形杀手。

三、噪声的评价指标

噪声的评价指标主要有音频、声压、声压级和计权网络等。

1. 音频

音频是指声音的频率。人耳可以听到的声音频率,大致为 20～20000Hz。频率越高,声音就越尖锐;频率越低,声音就越低沉。低于 20Hz 的声音称为次声,高于 20000Hz 的声音称为超声,两者都是人耳听不到的声音。

2. 声压

声压是指声波对介质造成的压力,即单位面积上的作用力。声压远小于大气压。一般声压的范围在 2×10^{-5}～20Pa,而大气压大约为 100kPa。声压越大,声音也越大。

3. 声压级

声压级是声音的实际评价指标之一。由于声压范围很大,并且人耳实际听到的声音大小并不与声压成比例,用声压的绝对值表示声音的强弱很不方便,所以实际使用声压的相对值(声压级)来衡量人听到的声音。噪声的强度也是用声压级来表示的。声压级的定义是:

$$L_p = 20\lg\left(\frac{P}{P_0}\right) \quad (\text{dB}) \tag{8-2}$$

式中:P——声压,Pa;

　　P_0——基准声压,为 2×10^{-5}Pa;

　　L_p——声压级,dB。

声压级的单位是分贝(dB)。引入声压级的概念,就可将相差一万倍的可听声压范围简化成 $0 \sim 120$dB 的声压级变化,分贝是无量纲量,只是一个比较指标,表示所测量与基准量比较的相对大小,声音的测量是用分贝来表示声音的强弱。

车辆噪声一般为中等强度的噪声,大约为 $60 \sim 90$dB。如公共汽车的噪声约为 80dB,由于车辆处于大范围的活动,使其真正影响的范围较大,干扰时间也长,受害的人员也较多。

4.计权网络

在噪声研究中,一般用声压、声压级作为噪声测量的物理参数,实际上,人耳接受客观声压和频率后,主观上产生的"响度感觉",与这些客观物理量之间并不完全一致。这种主、客观量的差异是由声波频率的不同而引起的。因此在噪声测量时,就存在着一个客观存在的声音物理量与人耳感觉的主观量的统一问题。为把声压级和频率统一起来考虑,引出了"响度"的概念,单位为"方"(phon)。响度级反映人对声音的主观评价,将声压级和频率用一个单位统一表示。为此,人们在噪声分析仪中设计了 A、B、C 三种"频率计权"网络来对所测量噪声进行听感修正,其中 A、B 计权网络对中、低频声音有衰减,C 计权网络基本上无衰减。测量噪声声压级时常用 A 计权。国家标准规定,在测量汽车噪声时也要使用 A 计权。这是因为,研究表明,对于大多数的噪声而言,用 A 计权比其他计权能够更接近人耳的听觉响应特性。

四、汽车噪声检测的相关标准

国家标准《机动车运行安全技术条件》(GB 7258—2012)对客车车内噪声级、汽车驾驶员耳旁噪声级和机动车喇叭声级作了规定。

1.车外最大允许噪声级

汽车加速行驶时,车外最大允许噪声级应符合表 8-6 的规定。表中所列各类机动车辆的变型车或改装车(消防车除外)的加速行驶车外最大允许噪声级,应符合其基本车型车辆的噪声规定。

车外最大允许噪声级[dB(A)]　　　　　　　　　　　　　　　表 8-6

车 辆 种 类		1985 年 1 月 1 日以前生产的产品	1985 年 1 月 1 日起生产的产品
载货汽车	8t≤载质量 <15t	92	89
	3.5t≤载质量 <8t	90	86
	载质量 <3.5t	89	84
轻型越野车		89	84
大客车	4t< 总质量 <11t	89	86
	总质量≤4t	88	83
轿车		84	82
摩托车		90	84
轮式拖拉机(44kW 以下)		91	86

2. 车内最大允许噪声级

客车以 50km/h 的速度匀速行驶时，客车车内噪声不应大于 79dB(A)。

汽车驾驶员耳旁噪声级该噪声级应不大于 90dB(A)。

3. 机动车喇叭声级

该声级在距车前 2m、离地高 1.2m 处测量时，其值应为 90~115dB。

由于汽车噪声源中，没有一个是完全密封的(有的仅是部分的被密封起来)，因此，汽车整车所辐射出来的噪声，就取决于各声源的强度、特性以及向周围环境传递的情况。研究表明，排气噪声占车外噪声的份额最大，发动机风扇噪声次之，因此为了降低该车的加速行驶车外噪声，应首先考虑降低排气系统噪声和冷却风扇运转噪声。

五、汽车噪声检测设备

1. 声级计的结构与工作原理

声级计是一种能将汽车噪声，按人耳听觉特性近似地测定其噪声级的仪器，其面板如图 8-10 所示，一般由传声器、电子线路(包括放大器、衰减器、计权网络、检波器等)、指示仪表及电源等组成，其结构原理方框图如图 8-11 所示。

声级计有精密声级计和普通声级计两类。噪声级是指用声级计测得的并经过听感修正的声压级(dB)或响度级(phon)。

图 8-10　声级计面板图

图 8-11　声级计结构原理方框图

(1)传声器

传声器是将声压信号(机械能)转变为电信号(电能)的传感器，是声级计中的关键元器件之一。传声器的种类很多，按照它们的构造不同，可以分为动圈式、电容式、压电式、半导体式传声器等多种。

电容式传声器是声学测量中比较理想的传声器，具有动态范围大、频率响应平直、灵敏度高和在一般测量环境下稳定性好等优点，因而应用广泛。如图 8-12 所示，电容式传声器主要由金属膜片和靠得很近的金属电极等组成。金属膜片与金属电极构成了平板电容的两个极板。当膜片受到声压作用时，膜片发生变形，使两个极板之间的距离发生了变化，电容量也发生变化，从而产生交变电压，其波形在传声器线性范围内与声压级波形成比例，实现了将声压信号转变为电压信号的作用。

图 8-12　电容式传声器结构示意图
1-金属膜片;2-电极;3-壳体;4-绝缘体;5-平衡孔

（2）放大器和衰减器

由于传声器将声压转变为电压的能量很小，所以在声级计中安装有低噪声放大器。在放大电路中一般采用两级放大器，即输入放大器和输出放大器，其作用是将微弱的电信号放大。输入衰减器和输出衰减器是用来改变输入信号的衰减量和输出信号衰减量的，以便使表头指针指在适当的位置，其每一挡的衰减量为10dB。输入放大器使用的衰减器调节范围为测量低端（如0~70dB），输出放大器使用的衰减器调节范围为测量高端（如70~120dB）。输入和输出两个衰减器的刻度盘常做成不同颜色，目前以黑色与透明配对为多。由于许多声级计的高低端以70dB为界限，故在旋转时要防止超过界限，以免损坏装置。

（3）计权网络

计权网络一般有A、B、C三种。A计权声级是模拟人耳对55dB以下低强度噪声的频率特性，B计权声级是模拟55~85dB的中等强度噪声的频率特性，C计权声级是模拟高强度噪声的频率特性。A计权网络测得噪声值比较符合人耳对噪声的感觉，在汽车和发动机噪声测试时，大多采用A计权网络。

从声级计上得出的噪声级读数，必须注明测量条件，如单位为dB，且使用的是A计权网络，则应记为dB(A)。

（4）检波器

为了使经过放大的信号通过仪表显示出来，声级计还需要有检波器，以便把迅速变化的电压信号转变成变化较慢的直流电压信号。这个直流电压的大小要正比于输入信号的大小。根据测量的需要，检波器有峰值检波器、平均值检波器和均方根值检波器之分。峰值检波器能给出一定时间间隔中的最大值，平均值检波器能在一定时间间隔中测量其绝对平均值。在多数的噪声测量中，均采用均方根值检波器。均方根值检波器能对交流信号进行平方、平均和开方，得出电压的均方根值，最后将均方根电压信号输送到指示仪表。

（5）指示仪表

指示仪表是一只电表，对其刻度进行一定的标定，可从表头上直接读出噪声级的dB值。声级计表头阻尼一般都有"快"和"慢"两个挡。"快"挡的平均时间为0.27s，很接近于人耳听觉器官的生理平均时间。"慢"挡的平均时间为1.05s。当对稳态噪声进行测量或需要记录声级变化过程时，使用"快"挡比较合适；在被测噪声的波动比较大时，使用"慢"挡比较合适。

声级计面板上一般还备有一些插孔。这些插孔如果与便携式倍频带滤波器相连，可组成小型现场使用的简易频谱分析系统；如果与录音机组合，则可把现场噪声录制在磁带上储存下来，待以后再进行更详细的研究；如果与示波器组合，则可观察到声压变化的波形，并可存储波形或用照相机把波形摄制下来；还可以把分析仪、记录仪等仪器与声级计组合、配套使用，这要根据测试条件和测试要求而定。

2. 声级计使用前的检查和校准

（1）在接通电源前，应先检查仪表指针是否在机械零点上。

（2）检查电池容量。把声级计功能开关对准"电池"衰减器，此时电表指针应达到额定红线或规定区域，否则读数不准，应更换电池。

（3）接通电源开关，预热约10min。

（4）对仪器进行校准。每次测量前或使用一段时间后，必须对仪器的电路和传声器进行校准。声级计上一般都配有电路校准的"参考"位置，可校验放大器的工作是否正常。如不正常,应调节微调电位器。电路校准后,再利用标准传声器对声级计上的传声器进行对比校准。

(5)将声级计的功能开关对准"线性""快"挡。由于一般办公室内的环境噪声约为40~60dB,因此声级计上应有相应的示值。变换衰减器刻度盘,表头示值应相应变化10dB左右。

(6)检查计权网络。接以上步骤,将"线性"位置依次变为"C""B""A"。由于室内环境噪声多为低频成分,故经频率计权后的噪声级示值将低于线性值,而且应依次递减。

(7)检查"快""慢"挡。将衰减器刻度盘调至高 dB 值处(例如 100dB)。通过操作人员发出声响,并注意观察"快"挡时的指针摆动能否跟上发音速度,"慢"挡时的指针摆动是否明显迟缓。

(8)经过上述检查和校准后,声级计便可投入使用。在不知道被测声级多大时,必须把衰减器刻度盘预先放在最大衰减位置(即 120dB),在实测中再逐步旋至被测声级所需要的衰减挡。

3.声级计的使用和维护注意事项

(1)电池式声级计在不使用期间,应取下干电池。电池已低于规定工作电压的,需要进行更换。在更换电池时,要特别注意应将电源开关置于"关"的位置。使用前,应注意查看连线有无损伤和接触不良等。

(2)检测时,要注意仪表量程的选择应由高到低。测量前,应根据被测声音的大小将量程开关置于合适的挡位,如无法估计其大小,应先将量程开关置于最高挡。

(3)检测时,要避免声级计受反射音、大风和电磁波的影响。

(4)声级计要避免受振动和冲击,注意防潮和避免阳光直射。

(5)声级计前端的多孔泡沫塑料圆球是风罩,在室外测量或当风速超过 0.5m/s 时,应使用风罩,以减少风噪声的影响。风罩还能保护传声器不受尘埃的损害,因此在检测站内也应使用风罩。

(6)使用 1 个月后,应检查传声器有无灰尘。

(7)长期不使用时,因湿度的影响,易发生故障,须对声级器的内部进行干燥。

(8)声级计每年要接受有关部门的鉴定。

六、汽车噪声检测

目前,机动车检测噪声的标准有:《汽车加速行驶车外噪声限值及测量方法》(GB 1495—2002)。《声学 机动车辆定置噪声测量方法》(GB/T 14365—1993)。《声学 汽车车内噪声测量方法》(GB/T 18697—2002)。

1.车外噪声测量

(1)车外噪声测量的条件

①首先,测量场地应平坦而空旷,在测试中心以 25m 为半径的范围内,不应有大的反射物,如建筑物、围墙等。

②其次,测试场地跑道应有 20m 以上平直、干燥的沥青路面或混凝土路面,路面坡度不超过 0.5%。

③本地噪声(指当测量对象噪声不存在时周围环境的噪声)应比所测车辆噪声至少低10dB,并保证测量不被偶然的其他声源所干扰。

④为避免风噪声干扰,可采用防风罩,但应注意防风罩对声级计灵敏度的影响。

⑤声级计附近除测量者外,不应有其他人员,如不可缺少时,则必须在测量者背后,而且测量人员的身体离声级计也应尽量远些,以免影响测量的准确性。

⑥被测车辆不得载重,测量时发动机应处于正常使用温度,车辆带有其他辅助设备亦是噪声源,测量时是否开动,应按正常使用情况而定。

测量场地的设置,如图8-13所示。声级计传声器位于20m跑道中心点O两侧,各距中心7.5m,距地面高度1.2m,用三脚支架固定。传声器平行于路面,其轴线垂直于车辆行驶方向。

图8-13 测量场地示意图

（2）加速行驶车外噪声测量

由于加速噪声能反映出汽车在常用工况下的最大噪声,特别是在市区行驶时的最大噪声,因而目前被大部分工业国家列入汽车形式试验的必做项目,成为考核汽车整车噪声的主要指标。

加速行驶车外噪声测量法要求,各种车辆到达始端线的挡位和车速应满足以下规定:

①行驶挡位:前进挡位为4挡以上的车辆用第5挡;前进挡位为4挡或4挡以下的用第2挡。

②对于自动变速器的车辆,使用在试验区间加速最快的挡位。辅助变速装置不应使用。

③发动机转速为其标定转速的3/4。如果在测试区内车速超过了50km/h,那么车辆应以50km/h的车速稳定地到达始端线。

④从车辆前端到达始端线开始,立即将加速踏板踩到底或节气门全开,直线加速行驶;当车辆后端到达终端线时,立即停止加速,车辆后端不包括拖车以及和拖车连接的部分。

⑤本测量要求被测车辆在后半区域发动机达到标定转速。如果车辆达不到这个要求,可延长距离15m。如仍达不到这个要求,车辆使用挡位要降低一挡。如果车辆在后半区域超过标定转速,可适当降低到达始端线的转速。

⑥声级计用A计权网络、"快"挡进行测量,读取车辆驶过时的声级计表头最大读数。

⑦同样的测量往返进行一次。车辆同侧两次测量结果之差,不应大于2dB,并把测量结果记入规定的表格中。取每侧二次声级平均值中的最大值作为被测车辆的最大噪声级。若只用一个声级计测量,同样的测量应进行四次,即每侧测量两次。

（3）匀速行驶车外噪声测量

①车辆用常用挡位,加速踏板保持稳定,以50km/h的车速匀速通过测量区域。

②声级计用A计权网络、"快"挡进行测量,读取车辆驶过时声级计表头的最大读数。

③同样的测量往返进行一次,车辆同侧两次测量结果之差,不应大于2dB,并把测量结果记入规定的表格中。若只用一个声级计测量,同样的测量应进行四次,即每侧测量两次。

2. 车内噪声测量方法

车内噪声是影响乘员的舒适性、听觉损害程度、语言清晰度以及对车外各种音响信号识

别能力的重要因素,目前我国仅制定了匀速行驶车内噪声试验方法。测量时,必须满足以下作业条件:

①测量跑道应有足够试验需要的长度,应是平直、干燥的沥青路面或混凝土路面。

②测量时,风速(指相对于地面)应不大于 3m/s。测量时,车辆门窗应关闭。车内带有其他辅助设备(是噪声源),测量时是否开动,应按正常使用情况而定。

③车内本地噪声比所测车内噪声至少低 10dB,并保证测量不被偶然的其他声源所干扰。

④车内除驾驶员和测量人员外,不应有其他人员。

(1)车内噪声测量的位置

通常,在人耳附近布置测点,传声器朝车辆前进方向。驾驶室内噪声测点的位置如图8-14所示。载客车室内噪声测点可选在车厢中部及最后一排座的中间位置,传声器高度参考图8-14。

测量时,车辆以常用挡位、50km/h 以上的不同车速匀速行驶,分别进行测量。用声级计"慢"挡测量"A""C"计权声级,分别读取表头指针最大读数的平均值,测量结果记入规定的表格中。做车内噪声频谱分析时,应包括中心频率为 31.5Hz、63Hz、125Hz、250Hz、500Hz、1000Hz、2000Hz、4000Hz、8000Hz 的倍频带。

图 8-14 驾驶室内噪声测点的位置

(2)驾驶员耳旁噪声的测量方法

测量时,车辆应处于静止状态且变速器置于空挡位置,发动机处于额定转速。测点位置,如图8-14 所示。声级计应置于"A"计权、"快"挡。

(3)汽车喇叭噪声测量

城市用汽车喇叭声级的检测点位置,如图8-15 所示。测量时,应注意不被偶然的其他声源峰值所干扰。测量次数宜2 次以上,并注意监听喇叭声音是否悦耳。

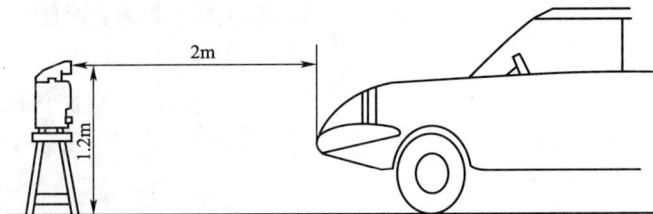

图 8-15 汽车喇叭声级的测量

思考题八

1.汽车发动机主要有害排放物有哪些?

2.简述各有害排放物产生的原因。

3.检测汽油机的排放有哪几种方法?各自规范的步骤是什么?

4.如何检测柴油机的排放?

5.声级计由哪几部分组成?

6.车辆噪声检测的点有哪几个?各自的标准是多少?

学习情景九 汽车外观检测

有一台桑塔纳3000轿车要在综合性能监测站中的安全环保检测线进行性能检测,首先进入汽车资料输入及安全装置检查工位进行汽车外观的检测。

要完成这个工作任务,就要熟悉汽车外观检测的内容和方法。下面就分步来完成本学习情境的学习任务。

任务 汽车外观检测

一、车辆外观检测的重要性

外观检测工作是车辆进入台试检测的第一项工作,是汽车不解体检测的重要组成部分,它涉及整车和总成各个部分。外观检测点分布在车辆上、下、左、右、前、后、内、外各部位,几乎包括了车辆结构的全部,涉及安全的各个部位。因此,外观检测一直是汽车检测的重要工作。外观检测的重要性体现在以下几点:

(1)汽车检测作为保障安全运行、保护环境、节约能源、促进公路运输事业发展的重要手段,是政府的强制措施。汽车进行检测前,应首先对车辆的唯一性进行确认,要核对行驶证、营运证,要核对外廓尺寸,要严查私自改装、套牌和拼装车。车辆唯一性确认后,才可以上线检测。唯一性的确认由外观检测人员逐一核对检视后,才能确定。

(2)部分车辆由于使用不当或维护不到位,可能存在严重的安全隐患,如发动机严重漏油、漏液,制动严重失灵,转向不灵等。对于这类车辆,若不加控制、盲目上线,一旦在检测线上失控,不但会影响正常的检测秩序,严重时还会造成事故,损坏车辆和检测设备。因此,被检测车辆必须经外检合格后才可以上线。通过外观检测,可防范有隐患的车辆在检测线上发生故障,确保检测秩序。

(3)台试检测对车辆的技术状况提出了许多具体的定量要求,如左右轮胎规格、花纹不一致,制动偏差值就可能大;若轮胎气压不足,则检测侧滑、车速、灯光等项目时就会不准;轮胎破损对底盘测功的准确性影响很大。为了确保检测质量,应该对影响台试检测数据准确性的汽车总成和部件进行重点检视,为后面的台试检测做好准备工作。

(4)汽车是一个很复杂的机械,汽车的很多性能(如动力性、制动性、操纵稳定性、灯光、废气等性能)可以通过计算机控制的检测设备和仪器进行检测,但对于外观的破损、清洁、润滑、紧固、断片、裂纹、缺损等故障,不可能也没必要全部由仪器自动检测。通过人工的眼看、手摸、耳听及实际操作,便能很快、很直观地查出车辆的隐患,这不失为一种事半功倍的方法。通过外观检测,既能查出事故隐患,又能保证后续台试检测质量。外观检测的人工检视和台试检验是综合性能检测工作整体的两个方面,两者是互相补充、相互完善的关系。只有抓好外观检测工作才能更有利于检测工作全面、深入、健康地开展。

二、对送检车辆的基本要求

送检机动车应清洁,无明显漏油、漏液、漏气现象,轮胎完好,轮胎气压正常且胎冠花纹中无异物,发动机怠速应正常。对于达不到以上基本要求的送检机动车,机动车安全技术检验机构应要求整改符合要求后再进行安全技术检验。

在用车检验时,送检人应提供送检机动车的机动车行驶证和有效的机动车第三者责任强制保险凭证,对于不能提供以上证件、凭证的送检机动车,机动车安全技术检验机构不应予以安全技术检验。

送检车辆在进行外观检视之前,必须先进行外部清洗和吹干。因为车身及底盘积有油泥、污垢,将影响外观检视的质量,也不便于安装检测仪具,同时还会弄脏检测设备和场地。

三、车辆唯一性认定

车辆唯一性认定是指对机动车的号牌号码、车辆类型、品牌/型号、颜色、发动机号码、车辆识别代号(或整车出厂编号)及主要特征和技术参数进行核查,核对车辆识别代号(或整车出厂编号)的拓印膜,以确认送检机动车的唯一性。

四、联网查询

查询送检机动车是否发生过交通事故及涉及尚未处理完毕的道路交通安全违法行为。

对发生过交通事故的送检机动车,应根据交通事故时送检机动车的损伤部位和损伤情况确定需重点检查的部位和项目。

对涉及尚未处理完毕的道路交通安全违法行为的送检机动车,应在《机动车安全技术检验报告》的"备注"栏中简要说明情况,提醒机动车所有人及时到公安机关交通管理部门处理道路交通安全违法行为。

五、汽车外观检测方法

1. 直观检视法

直观检视法是汽车检验人员凭实践和一定的理论知识,借助简单工具,用眼看、耳听、手摸和鼻子嗅等手段,对汽车技术状况进行定性分析、判断的一种方法。例如,车辆外部损伤、漏液、渗油、漏气、螺栓或铆钉松动、脱落,零部件的磨损、裂纹、变形等故障。任何仪器和设备进行的检测都是不尽完善的,需要靠检测人员的技能和经验,而应使用调查、观察、感觉、体验以及简单的工具进行定性的、直观的检视。

2. 仪器设备检测法

直观检视方法简单方便,不需要专用仪器或设备,但它不能进行定量分析。因此,对于一些有明确量的规定的检查项目,则须采用一些仪器和设备进行客观物理量的检测。

采用仪器设备检测法,可测试汽车性能和故障的参数、曲线或波形,甚至能自动分析、判断汽车的技术状况,作出定量的分析。

六、汽车外观检测的内容

送检机动车应停放在指定位置,发动机停转("发动机运转状况"项目除外)。

检查时,常用的设备和工具主要有:轮胎气压表、轮胎花纹深度计、透光率计、长度测量工具、手锤、铁钩及照明器具。

根据《机动车运行安全技术条件》(GB 7258—2012)和《机动车安全技术检验项目和方法》(GB 21861—2008),车辆外观检验项目主要有:

(1)车身外观。

(2)照明和电气信号装置。

(3)发动机舱。

(4)驾驶室(区)。

(5)发动机运转状况。

(6)客车内部。

(7)底盘件。

(8)车轮。

(9)其他。

具体检查项目见表9-1。

车辆外观检查项目

表9-1

序号	检验项目	内 容	项目属性
1	车身外观	保险杠	注册登记检验时为否决项
		后视镜、下视镜、车窗玻璃	否决项
		车体周正、尖锐突出物	否决项
		漆面	建议维护项
		货厢、安全架、车外顶行李架	否决项
		外部喷涂与文字标志、标识和车身广告	否决项
		自行加装置对号牌识别的影响	否决项
		号牌板(架)	注册登记检验,否决项
		商标(或厂标)	注册登记检验,否决项
2	照明和电气信号装置	前后位灯/后牌照灯/示廓灯/挂车标志灯	否决项
		转向信号灯(前、侧、后),危险警告信号灯	否决项
		前照灯(远光、近光)	否决项
		制动灯、后反射器、后雾灯、倒车灯	否决项
		侧标志灯、侧反射器	否决项
		道路运输危险货物车辆标识	否决项
		特种车辆标志灯具	否决项
		附加的灯具、反射器或附属装置	否决项
		喇叭(功能性检查)	否决项
		车身反光标识	否决项
3	发动机舱	发动机各系统机件	建议维护项
		蓄电池桩头及连线	建议维护项
		电气导线、各种管路	否决项
		储液器(使用液压制动的汽车)	否决项
		发动机标识	注册登记检验,否决项

序号	检验项目	内 容	项目属性
4	驾驶室(区)	门锁及门铰链	建议维护项
		驾驶员座椅	否决项
		安全带	否决项
		前风窗玻璃及其他风窗玻璃用于驾驶员视区的部位	否决项
		刮水器	否决项
		洗涤器	建议维护项
		汽车行驶记录仪	否决项
		驾驶室固定	否决项
		仪表数量类型,操纵件、指示器及信号装置图形标志	注册登记检验,否决项
		警告性文字的中文标注,车辆产品标牌	注册登记检验,否决项
5	发动机运转状况	起动性能	否决项
		怠速、电源充电、仪表及指示器	建议维护项
		加速踏板控制	建议维护项
		漏液、漏油、漏气、液温、油压	建议维护项
		关电熄火/(柴油车)停机装置	否决项
6	客车内部	座椅/卧铺数量、座椅间距	否决项
		扶手和卧铺护栏	建议维护项
		车厢灯、门灯	建议维护项
		客车地板、车内行李架	建议维护项
		灭火器、安全出口标识、安全手锤、安全门	否决项
		安全带	否决项
		安全出口的数量、位置和尺寸	注册登记检验,否决项
		乘客通道,通往安全门的通道	注册登记检验,否决项
7	底盘件	燃料箱、燃料箱盖	否决项
		挡泥板/牵引钩、蓄电池、蓄电池架	建议维护项
		储气筒排污阀	建议维护项
		钢板弹簧	否决项
		侧面及后下部防护装置	否决项
		牵引连接装置	建议维护项
8	车轮	轮胎型号/规格/速度级别	否决项
		轮胎胎冠花纹深度,胎面破裂/割伤、磨损/变形	否决项
		轮胎螺栓、半轴螺栓	否决项
		备胎标识	注册登记检验,否决项
9	其他	整车3C标志	注册登记检验,记录项
		其他不符合 GB 7258—2012 等机动车国家安全技术标准的情形	注册登记检验时为否决项

具体要求如下：

1. 车身外观

车辆外观应整洁，各零部件应完好，连接紧固，无缺损。目视检查以下各项，必要时应用钢直尺等量具测量相关尺寸参数。

（1）保险杠、后视镜、下视镜等部件是否完好。

（2）风窗玻璃是否完好及是否张贴有镜面反光遮阳膜。

（3）车体是否周正，车体外缘左右对称部位高度差（不得大于40mm）是否符合规定，车身外部可能触及行人、骑自行车人等交通参与者的任何部件、构件是否有任何可能使人致伤的尖锐凸起物（如尖角、锐边等）。

（4）车身（车厢）及其漆面是否有明显的锈蚀、破损现象。

（5）货厢安装是否牢固，其栏板和底板是否规整及强度是否明显不足，装置的安全架是否完好无损。

（6）车长大于7.5m的客车是否设置有车外顶行李架，其他客车设置的车外顶行李架是否长度不超过车长的1/3且高度不超过300mm。

（7）车身（或车厢）外部的图形和文字标志是否符合如下规定：

①车长大于6m或总质量大于4500kg的货车、挂车，其车身（车厢）后部是否喷涂有符合规定的放大牌号。

②气体燃料汽车、两用燃料汽车和双燃料汽车，其车身是否按照规定标注了其使用的燃料类型。

③消防车、救护车、工程救险车和警车的车身颜色、外观制式是否符合相关规定。

（8）喷涂、粘贴的标识或车身广告是否影响安全驾驶。

（9）乘用车自行加装的前后防撞装置及货运机动车自行加装的防风罩、水箱、工具箱、备胎架，是否影响安全和号牌识别。

（10）注册登记检验时，应记录汽车是否在前风窗玻璃右上角粘贴有符合规定的整车3C标志，并检查以下各项：

①机动车是否设置了能够满足号牌安装要求的号牌板（架）。

②车身外表面易见部位是否至少装置有一个能永久保持的商标（或厂标）。

③汽车（三轮汽车和低速货车除外）是否设置了规定数量和类型的后视镜，其他机动车是否在左右至少各设置有一面后视镜，车长大于6m的平头货车和平头客车在车前是否至少设置有一面前下视镜。

④乘用车和车长小于6m的客车的前后部是否设置了保险杠，货车（三轮汽车除外）是否设置了前保险杠。

⑤货车货箱（自卸车、装载质量1000kg以下的货车除外）前部是否安装有比驾驶室高至少70mm的安全架。

2. 照明和电气信号装置

仪表、灯光、信号标志要齐全，工作正常，目视检查以下各项：

（1）前位灯、前转向信号灯、前部危险警告信号灯、示廓灯和牵引杆挂车标志灯等前部照明和信号装置是否齐全完好，前照灯的远、近光光束变换功能，近光光形是否有明显的明暗截止线。

（2）后位灯、后转向信号灯、后部危险警告信号灯、示廓灯、制动灯、后雾灯、后牌照灯、倒车灯、后反射器是否齐全完好,制动灯的发光强度是否明显大于后位灯的发光强度。

（3）侧转向信号灯、侧标志灯和侧反射器是否齐全完好。

（4）对称设置、功能相同的灯具的光色和亮度是否有明显差异。

（5）除转向信号灯、危险警告信号及消防车、救护车、工程救险车和警车安装使用的标志灯具外,其他外部灯具是否有闪烁的情形。

（6）道路运输危险货物车辆标识是否符合相关规定,必要时应用量具测量相关尺寸参数。

（7）消防车、救护车、工程救险车和警车安装使用的标志灯具是否完好有效。

（8）附加的灯具、反射器或附属装置是否影响 GB 7258—2012 规定安装的灯具和信号装置的性能或对其他的道路使用者造成不利影响。

（9）检查机动车设置的喇叭是否具有连续发声功能,工作是否可靠,必要时应用声级计测量其喇叭声级是否符合规定。

（10）对于 2005 年 2 月 1 日起注册登记的总质量不小于 12000kg 的货车和总质量大于 3500kg 的挂车,检查其后部车身反光标识的粘贴技术规范及车身反光标识材料的式样（颜色、宽度等）是否符合相关标准的规定;对于 2005 年 2 月 1 日起注册登记的车长不小于 10m 的货车和总质量大于 3500kg 的挂车,检查其侧面车身反光标识的粘贴技术规范及车身反光标识材料的式样是否符合相关规定;必要时,应使用量具测量相关尺寸参数。

（11）注册登记检验时,应重点检查车辆外部照明和信号装置的数量、位置、光色是否符合相关标准的规定,必要时应用量具测量相关尺寸参数。对于 2006 年 12 月 1 日起新出厂的总质量不小于 12000kg 的货车和总质量大于 3500kg 的挂车,还应检查其安装的车身反光标识材料的白色单元上是否加施有符合规定的 3C 标志。

3. 发动机舱

打开发动机舱盖（或翻转驾驶室）,检查目视可见的发动机各系统机件是否齐全有效;检查蓄电池桩头与导线连接是否牢固;检查目视可见的电器导线捆扎、固定、绝缘保护等是否完好,各种管路是否完好、固定可靠。

对于使用液压制动（含液压传动离合）的汽车,目视检查储液器的液面高度及有无泄漏。

注册登记检验时,如汽缸体上打刻（或铸出）的发动机型号和出厂编号不易见,应检查在发动机易见部位是否具有能永久保持的发动机型号和出厂编号的标识。如车辆产品标牌位于发动机舱,还应检查车辆产品标牌是否能永久保持及其内容是否规范、清晰耐久。

4. 驾驶室（区）

记录里程表读数,目视检查以下各项:

（1）门锁及门铰链是否完好。

（2）驾驶员座椅固定是否可靠,汽车（三轮汽车除外）驾驶员座椅前后位置调节装置能否正常工作,安全带是否齐全有效;2005 年 8 月 1 日起出厂的座位数不大于 5 的乘用车及 2006 年 2 月 1 日起出厂的座位数大于 5 的乘用车的所有座椅（第三排及第三排以后的可折叠座椅除外）是否均配置了有效的安全带。

（3）前风窗玻璃及风窗以外玻璃,用于驾驶员视区部位的可见光透射比是否不小于 70%（必要时,用透光率计检查可见光透射比）。

（4）刮水器、洗涤器能否正常工作。

（5）2005 年 2 月 1 日起新注册登记的车长大于 9m 的长途客车和旅游客车是否安装了

汽车行驶记录仪;对于安装有汽车行驶记录仪的长途客车和旅游客车、道路运输危险货物车辆、半挂牵引车、总质量不小于12000kg的货车,其汽车行驶记录仪的固定、连接是否安全、可靠,能否正常显示。

(6)折翻式驾驶室的固定是否可靠。

注册登记检验时,还应检查:

(1)车辆是否按照规定装备了各种仪表。

(2)车辆是否设置了符合规定的操纵件、指示器及信号装置的图形标志。

(3)对于乘用车和货运机动车,按照相关标准核定的乘坐人数是否与机动车注册登记证明、凭证记载的内容一致。

(4)车长大于9m的长途客车和旅游客车是否安装了符合规定的汽车行驶记录仪;2006年12月1日起新出厂的,安装有汽车行驶记录仪的长途客车和旅游客车、道路运输危险货物车辆、半挂牵引车、总质量不小于12000kg的货车,其行驶记录仪主机外壳的易见部位是否加施有符合规定的3C标志。

(5)机动车的警告性文字是否有中文标注,折翻式驾驶室翻转操纵机构附近易见部位是否有提醒驾驶员如何正确使用该操纵机构的文字。

(6)车辆产品标牌(如位于驾驶室(区))是否能永久保持及其内容是否规范、清晰耐久。

5. 发动机运转状况

检查发动机能否正常起动;起动发动机,检查怠速运转、电源充电状况、各仪表及指示器工作是否正常;检查发动机急加速过程中及在较高转速时急松加速踏板能否回至怠速状态和有无"回火""放炮"等异常状况;检查有无漏液、漏油、漏气现象及液温、油压指示是否正常;检查点火开关关闭后发动机能否迅速熄火;对于柴油车,还应检查停机装置是否灵活、有效。

6. 客车内部

目视检查以下各项:

(1)客车座椅/卧铺的数量是否与机动车行驶证记载内容一致,座椅间距是否符合规定,座椅扶手和卧铺护栏安装是否牢固。

(2)车厢灯、门灯能否正常工作。

(3)客车地板密封是否良好,车内行李架的安装是否牢固。

(4)客车配备的灭火器是否齐全有效、固定可靠。

(5)长途客车和旅游客车安全出口处标注的"安全出口"字样是否完好,车内是否按照规定装备了用于击碎安全出口玻璃的专用手锤,安全门是否锁止可靠及能否正常开启。

(6)卧铺客车每个铺位的安全带是否齐全有效,长途客车和旅游客车前面没有座椅的座椅、前面护栏不能起到有效防护作用的座椅及其他按照规定应安装安全带的座椅的安全带是否齐全、有效。

(7)注册登记检验时,还应检查客车安全出口的数量、位置和大小及座椅/卧铺位的数量和布置是否符合规定,乘客通道的宽度和高度是否能保证符合规定的通道测量装置顺利通过,通向安全门的通道宽度是否符合要求。

7. 底盘件

目视检查以下各项:

(1)燃料箱是否固定可靠,燃料箱盖是否完好。

（2）挡泥板、牵引钩是否完好。

（3）蓄电池、蓄电池架的固定是否牢固可靠。

（4）储气筒排污阀功能是否有效。

（5）钢板弹簧的形式、片数是否符合规定，有无裂纹和断片，安装是否紧固。

（6）2003年3月1日起出厂的总质量大于3500kg的货车和挂车，其装备的侧面及后下部防护装置是否完好有效，货车列车的牵引车和挂车之间是否装备了有效的侧面防护装置。

（7）汽车列车的牵引连接装置是否连接可靠且装有防止车辆行驶中脱开的安全装置。

（8）注册登记检验时，应重点检查货车和挂车的侧面防护装置的下缘离地高度、防护范围和前缘形式及后下部防护装置的离地高度、宽度、横截面宽度是否符合相关规定（必要时应用量具测量相关尺寸参数），检查后下部防护装置的强度是否具有明显不足的情形。

8．车轮

目视检查以下各项，必要时应使用轮胎花纹深度计或量具测量：

（1）同轴两侧是否装用同一型号、规格轮胎。

（2）轮胎的型号、速度级别及胎冠花纹深度、轮胎气压是否符合规定，乘用车轮胎的胎面磨损标志是否已可见。

（3）轮胎的胎面、胎壁有无长度超过25mm或深度足以暴露出轮胎帘布层的破裂和割伤及其他影响使用的缺损、异常磨损和变形。

（4）轮胎螺栓、半轴螺栓是否齐全、紧固。

（5）若送检机动车装用轮胎的型号、速度级别不符合规定，或所装用轮胎的胎面、胎壁和胎冠花纹深度不符合规定，此次安全技术检验终止，应要求送检人换装符合规定的轮胎复检。若送检机动车轮胎气压不符合规定，应要求送检人将轮胎气压调整到规定气压后再进行其他项目的检验。

（6）注册登记检验时，对于2004年10月1日起出厂的使用小规格备胎的乘用车，检查在备胎附近明显位置（或其他适当位置）是否装置有能永久保持的、提醒驾驶员正确使用备胎的标识及标识的相关提示内容是否有中文。

思考题九

1．简述车辆外观检测的重要性。

2．如何测量、计算、判定车辆左右对称高度差及轴距差？

3．选择题：

（1）车体外缘左右对称部位高度差（在离地1.5m内测量）不大于（　　　）mm为合格。

    A．20   B．30   C．40   D．50

（2）对营运车辆进行唯一性确认时，下列（　　　）可以不检查。

    A．驾驶证   B．行驶证   C．营运证   D．车辆外廓尺寸

4．判断题：

（1）空载高为3.0m以上的车辆均应安装示廓灯。（　　　　）

（2）轿车和挂车轮胎胎冠上花纹深度不得小于1.6mm。（　　　　）

（3）卧铺客车的每个铺位均应安装两点式汽车安全带。（　　　　）

参 考 文 献

[1] 李恒宾,王海峰.汽车检测与诊断技术[M].北京:北京邮电大学出版社,2012.

[2] 吴兴敏,马旭辉.汽车整车性能检测[M].北京:机械工业出版社,2012.

[3] 张琴友.汽车使用性能与检测[M].北京:中国铁道出版社,2012.

[4] 吕凤军.汽车性能与检测技术[M].北京:北京邮电大学出版社,2012.

[5] 朱福根.汽车性能与检测技术[M].北京:北京邮电大学出版社,2008.

[6] 余志生.汽车理论[M].3 版.北京:机械工业出版社,2007.

[7] 李军.汽车使用性能与检测技术[M].北京:人民交通出版社,2002.

[8] 方锡邦.汽车检测技术与设备[M].北京:人民交通出版社,2005.

[9] 仇雅莉.汽车检测诊断技术与设备[M].北京:电子工业出版社,2005.

[10] 郭彬.汽车使用性能与检测技术[M].西安:西安电子科技大学出版社,2007.

[11] 付百学.汽车试验技术[M].北京:北京理工大学出版社,2007.

[12] 杨益明.汽车检测设备与维修[M].北京:人民交通出版社,2005.

[13] 明平顺,杨万福.现代汽车检测技术[M].北京:人民交通出版社,2001.

[14] 邹小明.汽车检测诊断技术[M].北京:人民交通出版社,2006.

[15] 杨永先.汽车故障诊断与综合检测[M].北京:人民交通出版社,2006.

[16] 黄会奇.汽车使用性能与检测[M].北京:电子工业出版社,2003.

[17] 乔维高,苏楚奇.现代汽车电子装置结构原理与维修[M].北京:高等教育出版社,2004.

[18] 公安部道路交通管理标准化技术委员会.GB 7258—2012 《机动车运行安全技术条件》理解与实施[M].北京:中国标准出版社,2012.